Birgit Sesselmann

# Familienleben mit geistig behinderten Kindern

Birgit Sesselmann

# Familienleben mit geistig behinderten Kindern

## Ein Leitfaden für junge Eltern

Tectum Verlag

Birgit Sesselmann

Familienleben mit geistig behinderten Kindern
Ein Leitfaden für junge Eltern

ISBN: 978-3-8288-2749-3

Umschlagabbildung: © Composer/www.fotolia.de (Bildnr. 3538538)
Druck und Bindung: CPI buchbücher.de, Birkach
Printed in Germany


Besuchen Sie uns im Internet
www.tectum-verlag.de

**Bibliografische Informationen der Deutschen Nationalbibliothek**
Die Deutsche Nationalbibliothek verzeichnet diese Publikation in der Deutschen Nationalbibliografie; detaillierte bibliografische Angaben sind im Internet über http://dnb.ddb.de abrufbar.

*„Adieu", sagte der Fuchs.*
*„Hier ist mein Geheimnis.*
*Es ist ganz einfach: Man sieht nur mit dem Herzen gut.*
*Das Wesentliche ist für die Augen unsichtbar."*
*„Das Wesentliche ist für die Augen unsichtbar",*
*wiederholte der kleine Prinz, um es sich zu merken.*

*Saint Exupéry*

*(Der kleine Prinz)*

# 1. Einleitung

> *„In der BRD gibt es mindestens 80 000 geistig behinderte Kinder, Jugendliche und Erwachsene. Jährlich werden schätzungsweise 16 000 bis 18 000 Kinder geboren, die entweder von Geburt an geistig behindert sind oder im Laufe ihres Lebens geistig behindert werden."*[1]

Was passiert, wenn das gewünschte Kind nicht dem Wunschbild entspricht?

Die Diagnose einer geistigen Behinderung oder die Geburt eines geistig behinderten Kindes lösen bei der Mehrzahl der Eltern eine schockähnliche emotionale Betroffenheit sowie Ratlosigkeit aus. Wunsch und Wirklichkeit passen nicht zusammen. Den Eltern fehlen Informationen über die Behinderung ihres Kindes und sie haben häufig keinerlei Erfahrungen im Umgang mit behinderten Menschen.

Daraus können sich für die Eltern verschiedene Fragestellungen entwickeln:

- *Warum gerade mein Kind?*
- *Was versteht man unter der Diagnose „geistige Behinderung"?*
- *Wie geht es jetzt weiter?*
- *Wie wird sich unser Kind entwickeln?*
- *Wird es ein zufriedenes und glückliches Leben führen können?*

---

1 Hinze, Dieter. Väter und Mütter behinderter Kinder. 3. Aufl. Heidelberg. Universitätsverlag C. Winter GmbH - Programm Edition Schindele, 1999, S. 17.

- *Wie wird das soziale Umfeld auf die Behinderung reagieren?*
- *Wie können wir lernen, unser geistig behindertes Kind anzunehmen?*

Hier beginnt eine unerwartete Zukunft für die Familien. Dies sagt aber nichts darüber aus, wie gut die Eltern mit ihrem behinderten Kind zusammenleben werden.

Die Eltern begeben sich auf einen Lernprozess der Krisenverarbeitung, der Ihre Einstellungen und ihr Leben verändern kann. Die Aussagen der Eltern, die ihre Betroffenheit und subjektiven Erfahrungen widerspiegeln, werden in diesem Buch mit kursiver Schrift hervorgehoben.

Für die Eltern ist es gut, sich von Anfang an Rat und Unterstützung zu holen. Es gibt zahlreiche Anlaufstellen, an die sie sich wenden können. Hier geht es in erster Linie darum, Eltern und behinderte Kinder in ihrer Entwicklung fachlich, einfühlsam und voller Achtsamkeit zu begleiten.

Neben den professionellen Hilfen ist der Austausch zwischen den betroffenen Eltern eine große Bereicherung. Niemand versteht die Bedürfnisse und Gefühle besser als diejenigen, die sich in der gleichen Situation befinden.

Dieses Buch zeigt Wege zur individuellen Verarbeitung von Lebenskrisen auf und möchte gleichzeitig einen Beitrag zum besseren gesellschaftlichen Verständnis für die Situation von Familien mit einen behinderten Kind liefern.

In der Begegnung mit behinderten Menschen eröffnen sich für den Einzelnen neue Erfahrungsebenen. Diese vollziehen sich in einem lebendigen Prozess des „gemeinsamen Tuns" sowie im Lernen und Erfahren. In einer offenen Atmosphäre, in der individuelle Stärken und Schwächen akzeptiert und Entwicklungsprozesse angestoßen werden, können sich wertvolle Beziehungen entwickeln.

Die Förderung dieser integrativen Prozesse ist ein weiteres Anliegen des Buches.

Die folgenden Inhalte erheben nicht den Anspruch auf Vollständigkeit. Infolgedessen wird im Laufe des Buches weiterführende Literatur aufgelistet.

# 2. Eine Beschreibung des Begriffs „geistige Behinderung“

## 2.1 Der Begriff „Behinderung“

Auf der Suche nach einer allgemeingültigen Definition des Begriffes „geistige Behinderung“ wird man in der aktuellen Fachliteratur keine finden. Möchte man daraufhin eine klare Abgrenzung der Bezeichnung „Behinderung“ erreichen, so wird man immer wieder auf Aussagen treffen wie:

„Es gibt keine umfassende allgemeine Definition von Behinderung.“[2], „Bisher fehlt es an einer allgemeingültigen Definition von Behinderung. Von medizinischen, psychologischen und sonderpädagogischen Fachleuten wird immer wieder versucht, angemessene Kategorien einer Definition zugrundezulegen, um zu einem gemeinsamen Verständnis des Begriffs „Behinderung“ zu gelangen.“[3], „In den verschiedenen Rechtsvorschriften ist der Behindertenbegriff und damit auch die Anspruchsvoraussetzungen für Hilfen und Leistungen unterschiedlich festgelegt“[4].

Exemplarisch möchte ich die Klassifikation der WHO (Weltgesundheitsorganisation) herausgreifen. Die Einteilung heißt übersetzt „Internationale Klassifikation der Funktionsfähigkeit, Behinderung und Gesundheit“ - kurz ICF. Sie wurde bereits im Jahr 2001 verabschiedet. Wie ihr Vorgänger von 1980 geht die ICF von einer Dreigliedrigkeit der Behinderung aus, jedoch wurden z. B. die Begrifflichkeiten und mit ihr die Definition geändert:

- *„Schädigung (körperlich, z. B. fehlender Arm);*
- *Aktivitätsbeeinträchtigung (individuell, z. B. beidhändig Klavier spielen mit einem Arm);*
- *Partizipationseinschränkung (gesellschaftlich, z. B. gesellschaftliche Normen schließen aus, dass eine behinderte Frau Pianistin wird).“*[5]

---

2 Kreft, Dieter/ Mielenz, Ingrid (Hrsg.). Wörterbuch Soziale Arbeit. 6. Aufl. Weinheim, München: Juventa Verlag, 2008, S. 147.

3 Lambeck, Susanne. Diagnoseeröffnung bei Eltern behinderter Kinder. Göttingen: Verlag für Angewandte Psychologie, 1992, S. 17.

4 Bayerisches Staatsministerium für Arbeit und Sozialordnung, Familie, Frauen und Gesundheit (Hrsg.). Sozial-Fibel. 11. Aufl. Coburg: Druckhaus Coburg, 1993, S. 41.

5 Deutsches Institut für medizinische Dokumentation und Information, DIMDI. WHO- Kooperationszentrum für die Familie Internationaler Klas-

An dieser Stelle möchte ich weiterführend auf das aktuelle „Multiaxiale Klassifikationsschema für psychische Störungen des Kindes- und Jugendalters nach ICD-10 der WHO (siehe Dritte Achse zur Intelligenzminderung) verweisen.“[6]

Somit kann zu dem Begriff „Behinderung“ keine allgemeingültige Definition genannt werden. Die Einstufung in „Behinderte“ und „Nichtbehinderte“ ist von den jeweiligen gesellschaftlichen Wertvorstellungen abhängig. Die Normen und Werte der Gesellschaft bilden die Maßstäbe für das, was zur Norm und Nichtnorm innerhalb dieser Gesellschaft erhoben wird. Erika Schuchardt spricht an dieser Stelle von einer „Relativität“ des Begriffes „Behinderung“.[7]

Der Begriff „Behinderung“ ist ein Oberbegriff für verschiedene Arten der Behinderung. Die nachfolgende Einteilung stellt ein „verbreitetes medizinisches Raster dar, das auch für die Rehabilitationsgesetzgebung als einschlägig gilt.“[8] Demnach werden Anfallserkrankungen, Altersgebrechlichkeiten, Geisteskrankheiten (Psychosen), Hörschädigungen, Intelligenzschädigungen (wozu die geistige Behinderung einzuordnen ist), Körperbehinderungen, langfristige Erkrankungen, Sehschädigungen, Sprachbehinderungen und Verhaltensstörungen[9] unterschieden.

Was versteht man nun unter dem Begriff „geistige Behinderung“?

---

sifikationen (HG): Internationale Klassifikation der Funktionsfähigkeit, Behinderung, Gesundheit. Final DRaft. Stand Oktober 2004, Internetfassung: www.dimdi.de.

6 Remschmidt, Helmut/ Schmidt, Martin/ Poustka, Fritz (Hrsg.). Multiaxiales Klassifikationsschema für psychische Störungen des Kindes- und Jugendalters nach ICD-10 der WHO. Mit einem synoptischen Vergleich von ICD-10 mit DSM-IV. 5., vollst. überarb. und erw. Aufl. Bern: Verlag Hans Huber, 2009, S. 303-310.

7 Vgl. Schuchardt, Erika Biographische Erfahrung und wissenschaftliche Theorie. 8. Aufl. Bd. 1. Bielefeld: Bertelsmann, 2003, S. 73.

8 Bleidick, Ulrich (u.a.), a.a.O., S. 14.

9 Vgl. ebenda, S. 14-15.

## 2.2 Der Begriff „geistige Behinderung“

Forscht man - wie bereits im Gliederungspunkt 2.1 - erwähnt, nach dem Begriff „geistige Behinderung“, so wird dieser z. B. als „ein Sammelbegriff“[10], als „unscharf“[11] bezeichnet. Ursula Hagemeister schreibt dazu: „Die Vielfalt der Ursachen und Erscheinungsbilder der geistigen Behinderung, die Vielfalt der Entwicklungs-, Behandlungs- und Förderungsmöglichkeiten Geistigbehinderter erschwert jeden Versuch einer Definition“.[12]

In der aktuellen Fachliteratur sind eine Vielzahl von Definitionen sowie Klassifikationssysteme (siehe dazu Gliederungspunkt 2.3) zur „geistigen Behinderung“ zu finden.

Zur Definition des Begriffs „geistige Behinderung“ soll exemplarisch eine Definition von Heinz Bach herausgegriffen werden:

> *„Als geistigbehindert gelten Personen, deren Lernverhalten wesentlich hinter der auf das Lebensalter bezogenen Erwartung zurückbleibt und durch ein dauerndes Vorherrschen des anschauend-vollziehenden Aufnehmens, Verarbeitens und Speicherns von Lerninhalten und eine Konzentration des Lernfeldes auf direkte Bedürfnisbefriedigung gekennzeichnet ist, was sich in der Regel bei einem Intelligenzquotienten von unter 55/60 findet. Geistigbehinderte sind zugleich im sprachlichen, emotionalen und motorischen Bereich beeinträchtigt und bedürfen dauernd umfänglicher pädagogischer Maßnahmen. Auch extrem Behinderte gehören - ohne untere Grenze - zum Personenkreis.“*[13]

Heinz Bach schafft dadurch eine Abgrenzung zur Lernbehinderung, indem er hierzu einen „Intelligenzquotient etwa zwischen 55/60 und 75/80“[14] festhält.

---

10 Hinze, Dieter. Väter und Mütter behinderter Kinder, a.a.O., S. 16.

11 Neise, Karl. Menschen mit geistiger Behinderung. In: Fengler, Jörg/ Jansen, Gerd. Handbuch der Heilpädagogischen Psychologie. 3. Aufl. Stuttgart: Verlag W. Kohlhammer GmbH, 1999, S. 131.

12 Hagemeister, Ursula. Geistigbehindertenpädagogik. In: Bleidick, Ulrich (u.a.). Einführung in die Behindertenpädagogik. 3. Aufl. Bd. II. Stuttgart: Verlag W. Kohlhammer GmbH, 1989, S. 53-54.

13 Bach, Heinz. Sonderpädagogik im Grundriß. 13. Aufl. Berlin: Edition Marhold Wissenschaftsverlag Volker Spiess GmbH, 1989, S. 92.

14 Ebenda, S. 92.

Diese Definition birgt Kritik in sich. Sie macht die „geistige Behinderung" an der Messung des Intelligenzquotienten eines Individuums fest.

Intelligenztests bringen die Gefahr mit sich, dass das Kriterium „Intelligenz" überbewertet wird und daraus folgernd die Individualität zu kurz kommt. Ulrich Hensle hält dazu fest: „es lässt sich mit ihnen nur das Vorliegen einer geistigen Behinderung einigermaßen zuverlässig feststellen, nicht aber deren genaues Ausmaß, wozu spezielle Verfahren oder eine gründliche Verhaltensbeobachtung herangezogen werden müssen."[15]

Man sollte bei jeder Art der Feststellung von Intelligenzwerten immer wieder gezielt betonen, dass es keine starren Festschreibungen zwischen unterschiedlichen IQ-Werten gibt und dass die Grenzen zwischen den jeweiligen Werten meist fließend sind.

Auch kann sich der IQ-Wert als ein „abgesichertes Merkmal"[16] herauskristallisieren, so dass er den Betroffenen als eine „Art Etikett auf Lebenszeit angeheftet"[17] wird.

Als weitere Vorbehalte gegenüber Intelligenztests werden von Ursula Hagemeister folgende genannt: „Allerdings weichen die Vorschläge einer Grenzziehung stark voneinander ab; eine scheinbar willkürliche Festsetzung einzelner Autoren ist nicht nur auf unterschiedliche Testverfahren, sondern in erster Linie auf die Tatsache zurückzuführen, dass die unterschiedlichen Ausprägungen von vorliegenden Schädigungen eine exakte Abgrenzung erschweren."[18] Auch sollte man bedenken, dass die jeweilige Ermittlung des IQ-Wertes von subjektiven Komponenten wie z. B. Tagesform der Testperson abhängig ist.

Im Gegensatz dazu bedarf es aufgrund verschiedener Gesichtspunkte einer genauen Kennzeichnung des Begriffs „geistige Behinderung". Hierbei kann die Messung der Intelligenz ein wichtiges Kriterium für eine Abgrenzung darstellen. Solch eine Abgrenzung zu anderen Menschen ist z. B. wichtig aufgrund rechtlicher Bestimmungen (woraus sich bestimmte Ansprüche ergeben, wie z. B. die Bereitstellung von finanziellen Mitteln und auch arbeitsrechtliche Ansprüche), oder um

15 Hensle, Ulrich. Einführung in die Arbeit mit Behinderten. 5. Aufl. Heidelberg, Wiesbaden: Quelle & Meyer Verlag, 1994, S. 108.

16 Ebenda, S. 108.

17 Ebenda, S. 108.

18 Hagemeister, Ursula, a.a.O., S. 56-57.

spezielle Hilfen für den Menschen mit geistiger Behinderung richtig einzusetzen.

Hierbei ist zu betonen, dass von den Vorteilen sowie Nachteilen einer Definition zur geistigen Behinderung, in der auch ein bestimmter IQ-Wert von Bedeutung ist, jeweils nur einige aufgeführt sind, die den Leser zur kritischen Betrachtung anregen sollen.

Der Begriff „geistige Behinderung" wurde 1958 in Anlehnung an den englischen Ausdruck „mentally handicapped" von der Bundesvereinigung Lebenshilfe für geistig Behinderte e.V. geprägt. „Zumindest im pädagogischen Sprachgebrauch löst er die aus der medizinischen Terminologie kommenden Bezeichnungen wie Schwachsinn, Imbezillität, Idiotie oder Oligophrenie ab."[19]

Um die Festlegung einer Behinderung zu umgehen -und die u.a. damit verbundene Stigmatisierung- findet man heute immer wieder Bezeichnungen wie z. B. „motorisch bildbar" (aus dem Holländischen) oder „praktisch bildbar" (im Hess. Schulgesetz), die die „Bildbarkeit von Kindern mit geistiger Behinderung akzentuieren"[20].

In diesem Buch wird zu der Ausdrucksweise „geistig behinderte Kleinkinder", die Formulierung „Kleinkinder mit geistiger Behinderung" aufgegriffen. „Der Zusatz „mit geistiger Behinderung" hebt ab auf ein Merkmal des Betroffenen, das für seine Situation sicherlich sehr einschneidend ist, aber den Blick auf andere Merkmale nicht von vorneherein verstellt."[21] Aus diesem Grunde wird hier bewusst auch diese Art der Formulierung gewählt.

## 2.3 Klassifikationen der geistigen Behinderung

Für den Begriff „geistige Behinderung" gibt es unterschiedliche Klassifikationssysteme.

„Jeder Geistigbehinderte ist ein einmaliger, unverwechselbarer Mensch mit individuellen Besonderheiten. Keiner gleiche einem anderen Geistigbehinderten in seinen Erlebnis- und Verhaltensweisen (...) Ver-

19 Hagemeister, Ursula, a.a.O. S. 55.
20 Vgl. Mühl, Heinz. Einführung in die Geistigbehindertenpädagogik. 4. Aufl. Stuttgart: Verlag W. Kohlhammer GmbH, 2000, S. 45.
21 Ebenda, S. 25.

stärkt gilt das für die Menschen mit geistiger Behinderung."[22] Trotz dieser Betonung der Individualität des Menschen kann man in der aktuellen Fachliteratur verschiedene Untergruppierungen von „geistiger Behinderung" finden.

Exemplarisch möchte ich hierzu das Diagnosesystem AAMD (American Association in Mental Deficiency) vorstellen, das die geistige Behinderung in Stufen unterteilt hat. Auf diese Klassifizierung wird man in der gängigen Fachliteratur immer wieder treffen (so z. B. in: Heinz Mühl[23]; Ulrich Hensle[24]; Jürgen Wendeler[25]), jedoch mit Unterschieden in der Häufigkeit der Einteilungen. Z. B. sind bei Jürgen Wendeler hierzu die Grenzfälle (borderline) nicht aufgeführt, so dass sich eine Einteilung nach den AAMD in vier Stufen ergibt.

- *„sehr schwer (‚profound'): IQ unter 25*
- *schwer ('severe'): IQ 26 bis 39*
- *mäßig ('moderate'): IQ 40 bis 54*
- *leicht ('mild'): IQ 55 bis 69*
- *Grenzfälle ('borderline'): IQ 70 bis 84"*[26]

Während die AAMD „noch 1959 einen IQ-Wert von 85 als obere Grenze der geistigen Behinderung angab, schlägt sie heute eine Grenzziehung bei IQ-Wert 60-70 vor."[27] Diese Grenzziehung wird in der Regel auch in den internationalen Fachkreisen anerkannt.

Die AAMD schlägt ebenfalls ein Einteilungssystem nach den Ursachen der geistigen Behinderung vor[28]. Diese Einteilung ist im Hinblick auf den Gliederungspunkt 2.5 (zur Ätiologie der geistigen Behinderung) erwähnenswert.

22 Neise, Karl, a.a.O., S. 131.
23 Mühl, Heinz, a.a.O., S. 54.
24 Hensle, Ulrich, a.a.O., S. 107.
25 Wendeler, Jürgen. Geistige Behinderung.: Pädagogische und psychologische Aufgaben. Weinheim, Basel: Beltz Verlag. Beltz Grüne Reihe, 1993, S. 11.
26 Hensle, Ulrich, a.a.O., Seite 107.
27 Hagemeister, Ursula, a.a.O., S. 57.
28 Vgl. Hensle, Ulrich, a.a.O., S. 110.

Zur Abgrenzung der Behinderungsgrade wird u.a. der Sternsche Intelligenzquotient (IQ) verwendet, berechnet nach der Formel:

Intelligenzquotient = 100 (Intelligenzalter/Lebensalter).[29]

„Er erlaubt auch im sehr niedrigen Intelligenzbereich noch verhältnismäßig genaue Messungen, im Gegensatz zum Abweichungs-IQ, der sonst meist bevorzugt wird."[30]

Ein Verfahren wie z. B. der Hamburg-Wechsler-Intelligenztest für Kinder (HAWIK) „sieht als niedrigstes Ergebnis den IQ 44 vor, erlaubt also unterhalb dieses Wertes überhaupt keine Differenzierungen."[31]

Auf die kritische Betrachtung gegenüber einer Messung des Begriffes „geistige Behinderung" aufgrund des Intelligenzquotienten wurde schon im Gliederungspunkt 2.2 aufmerksam gemacht. Auch bei dieser Klassifizierung sollte man dies beachten.

Eine andere Art der Klassifizierung findet man z. B. bei Gustav-Peter Hahn, der die geistige Behinderung in vier Dimensionen einteilt: der ein- und ausdrucksfähige geistig Behinderte, der gewöhnungsfähige geistig Behinderte, der erfahrungsfähige geistig Behinderte und der sozial-handlungsfähige, erkenntnisfähige geistig Behinderte.

Die einzelnen Dimensionen erfordern u.a. jeweils spezifische erzieherische Ansprüche im Umgang mit dem Kind und seiner geistigen Behinderung (dargestellt nach einer Beschreibung des zur Dimension gehörenden Personenkreises als pädagogische Folgerungen für den Erzieher).[32]

## 2.4 Das Erscheinungsbild der geistigen Behinderung

Die Erscheinungsweisen der „geistigen Behinderung" beinhalten:

- *„durchgängig überwiegendes anschauend-vollziehendes Lernen*
- *Wahrnehmungsschwächen*

---

29 Vgl. Wendeler, Jürgen: Geistige Behinderung: Pädagogische und psychologische Aufgaben, a.a.O., S. 11.

30 Ebenda, S. 11.

31 Ebenda, S. 17.

32 Vgl. von Hahn, Gustav-Peter. Hilfen für das Zusammenleben mit geistig Behinderten. 6. Aufl. Berlin: Edition Marhold Wissenschaftsverlag Volker Spiess GmbH, 1995.

- *Bewegungskoordinationsstörungen*
- *sprachliche Entwicklungsrückstände*
- *Verhaltensauffälligkeiten (zum Teil als Folge unzweckmäßiger Erziehung)*
- *soziale, motorische, sprachliche Äußerungen auch im Jugend- und Erwachsenenalter in vieler Hinsicht ähnlich denen bei vier- bis siebenjährigen Nichtbehinderten*
- *dauernde Unterstützungs- und Schutzbedürftigkeit*
- *veränderbar durch erzieherische, milieumäßige, medizinische, organische Gegebenheiten*

*Häufig:*

- *zusätzliche Sehbehinderung*
- *Hörbehinderungen*
- *Körperbehinderungen*
- *innere Erkrankungen (Herzfehler, Infektionen der Atemwege)*
- *z.T. Pflegebedürftigkeit (insbesondere bei Geistig Schwerstbehinderten)"*[33]

Das Erscheinungsbild der geistigen Behinderungen ist vielfach durch eine Mehrfachbehinderung gekennzeichnet. „Konstitutive Bedingungen, die wesentlich zur geistigen Behinderung gehören, sollten nicht unbesehen im Sinne der Mehrfachbehinderung interpretiert werden; dies sollte nur bei zusätzlichen schwerwiegenden Sinnes-, Sprach- oder körperlichen Beeinträchtigungen geschehen."[34]

Auch bei den Erscheinungsbildern der geistigen Behinderung sind verschiedene Darstellungen in der aktuellen Fachliteratur zu finden. Wie z.B. eine weitere Ausführung in Davison/Neale. Hier wird zur Beschreibung des Wesens der geistigen Behinderung auf den Kompetenzansatz eingegangen. „Dieser Ansatz geht weg von dem Schweregrad der Behinderung hin zur Ermittlung der zur Förderung eines höheren Funktionsniveaus erforderlichen Instrumente. Die Kliniker werden dazu angehalten, die Stärken und Schwächen eines Menschen in psychischer, physischer und umgebungsbezogener Sicht festzustellen, damit die Art und Intensität der Unterstützung, die zur Förderung der

33 Bach, Heinz. a.a.O., S. 92.
34 Mühl, Heinz. a.a.O., S. 54.

Leistungsfähigkeit eines Patienten in verschiedenen Bereichen erforderlich ist, von außen festgelegt werden kann".[35]

## 2.5 Die Ätiologie der geistigen Behinderung

Zu den Ursachen der geistigen Behinderung gehören:

- *vorgeburtliche (pränatale) Schädigungen, Vergiftungen (z. B. durch Alkohol- und Zigarettenkonsum), Traumata, metabolische und Ernährungsschäden, Hirnkrankheiten, Chromosomenschädigungen, emotionale sowie Umwelteinflüsse (z. B. Umweltverschmutzung, radioaktive Strahlenbelastung)*
- *Komplikationen während der Geburt (perinatale Risikobelastung) wie Plazenta- und Nabelschnuranomalien, operative Entbindung und verlängerte Geburt können ebenfalls zu einer geistigen Behinderung führen, wenn auch seltener*
- *postnatale körperliche Schädigungen die eine geistige Behinderung zur Folge haben wie z. B. Gehirn- oder Hirnhautentzündungen sowie Kopfverletzungen*[36]

Erwähnenswert ist hierzu: „Die größte Untergruppe mit einheitlicher Ursache ist die Gruppe mit Chromosomenanomalien, die fast ganz aus Fällen des Down-Syndroms besteht."[37] Diese Schädigung entsteht in der pränatalen Zeit.

Auch bei der Einteilung der Ursachen von geistiger Behinderung kann man verschiedene Darstellungen finden, wie z. B. von Karl Neise. Er unterteilt folgende Gruppen:

- *Geistigbehinderte mit hirnorganischer Schädigung (prä-, peri-, postnataler Herkunft).*
- *Trisomal Retadierte (Langdon-Down-Syndrom). Dazu einige Kinder mit anderen Chromosomenaberrationen.*
- *Geistigbehinderte mit frühkindlichem Autismus.*

35 Vgl. Davison, Gerald C./ Neale, John M.. Klinische Psychologie. 7. Aufl. Weinheim, Basel: Psychologie Verlags Union, 2007, S. 570.

36 Vgl. Hinze, Dieter. Väter und Mütter behinderter Kinder, a.a.O., S. 17.

37 Wendeler, Jürgen: Geistige Behinderung: Pädagogische und psychologische Aufgaben, a.a.O., S. 22.

- *Geistigbehinderte endogener Herkunft (auch familiär, congenital, primär oder kryptogen genannt).*[38]

Hierbei handelt es sich um eine ausführlichere Dokumentierung der Ursachen für geistige Behinderung als bei Dieter Hinze, dessen Darstellung der Ursachen zur groben Veranschaulichung gewählt wurde. Auch finden sich Ausführungen für Entstehungsbedingungen der geistigen Behinderung z. B. in: Davison/Neale[39], Ulrich Hensle[40], Heinz Mühl[41].

„Insgesamt gesehen ist davon auszugehen, dass geistige Behinderungen multifaktoriell verursacht sind. Indessen bleiben bei über 50% aller geistig Behinderten die Ursachen unbekannt."[42]

„Da die Intelligenzentwicklung vom Zusammenspiel endogener und milieubedingter Faktoren abhängt, lassen sich die Ursachen einer geistigen Behinderung meistens nicht in endogene oder exogene Faktoren trennen."[43] Vielmehr sollte man davon ausgehen, dass sich die endogenen und exogenen Bedingungen gegenseitig beeinflussen. Dies ist z. B. der Fall, wenn für die Entstehung einer geistigen Behinderung endogene Faktoren verantwortlich sind wie z. B. eine Kopfverletzung. Günstige exogene Umstände wie z. B. das Erziehungsmilieu können dann die Hirnschädigung mildern. Z. B. können die richtigen Früherkennungs- und Förderungsmaßnahmen in diesem Fall die Behinderung günstig beeinflussen.

Aufgrund der Vielzahl der Beschreibungen zum Begriff der geistigen Behinderung (Gliederungspunkte 2.1 und 2.2), der Klassifikation der geistigen Behinderung (Gliederungspunkt 2.3), der Erscheinungsbilder der geistigen Behinderung (Gliederungspunkt 2.4) sowie der Ätiologie der geistigen Behinderung (Gliederungspunkt 2.5) wird die Mehrdimensionalität aber auch die Unklarheit über die geistige Behinderung immer deutlicher. Es ist jedoch wichtig den Begriff der „geistigen Behinderung" zu erläutern, damit sich der Leser vorab ein erstes Bild von den Kindern machen kann, um deren Eltern es in diesem Buch gehen wird.

---

38 Vgl. Neise, Karl, a.a.O. S. 119.
39 Vgl. Davison, Gerald C./ Neale, John M., a.a.O., ab S. 570.
40 Vgl. Hensle, Ulrich, a.a.O., ab S. 109.
41 Vgl. Mühl, Heinz, a.a.O., ab S. 57.
42 Hinze, Dieter. Väter und Mütter behinderter Kinder, a.a.O., S. 17.
43 Neise, Karl, a.a.O., S. 133.

Auch dient die Abgrenzung des Begriffes „geistige Behinderung" gegenüber anderen Behinderungsarten (siehe dazu Gliederungspunkt 2.1) und die Einschränkung des Alters der Kinder bis zu 3 Jahre der Klarheit, Nachvollziehbarkeit sowie Einschränkung des Themenkomplexes.

## 2.6 Statistische Angaben zur geistigen Behinderung

Der Anteil von Menschen mit geistiger Behinderung beträgt etwa 3% in der Gesamtbevölkerung. Dieter Hinze schreibt dazu:

> *„Davon sind etwa 2,6% leicht, 0,3% mäßig und 0,1% schwer behindert. Etwa 10% der geistig Behinderten sind auf Dauer erwerbsunfähig und pflegebedürftig. Davon werden allerdings nur ca. 4% in Heimen und Anstalten untergebracht, während etwa 6% zu Hause betreut werden. In der BRD gibt es mindestens 80 000 geistig behinderte Kinder, Jugendliche und Erwachsene. Jährlich werden schätzungsweise 16 000 bis 18 000 Kinder geboren, die entweder von Geburt an geistig behindert sind oder im Laufe ihres Lebens geistig behindert werden. Dies sind 0,5 bis 0,7% aller Kinder und Jugendlichen im schulpflichtigen Alter."*[44]

Allein diese Zahlen zeigen, wie viele Eltern ein Kind mit geistiger Behinderung zu Hause betreuen. Dies verdeutlicht, wie wichtig deshalb die Hilfen für diese Kinder sowie für dessen Eltern sind. Dies entspricht auch dem „Normalisierungspostulat"[45] das besagt, „dass es Menschen mit Behinderungen möglich sein sollte, „"ein Leben so normal wie möglich" zu führen, wozu eben auch gehört, dass Kinder möglichst in ihren Familien und nicht im Heim aufwachsen."[46] Dazu ist es unerlässlich, dass diesen Familien Hilfen zuteil werden. „Die Eltern werden nicht nur mit Erziehungsproblemen konfrontiert, die zu meistern nicht selten über ihre Kräfte geht; aus einer frustrierten Erwartungshaltung heraus entstehen nicht selten psychische Belastungen, die durch eine von Vorurteilen bestimmte Einstellung der Umwelt gegenüber Geistigbehinderten und ihren Familien verstärkt werden."[47]

---

44 Hinze, Dieter. Väter und Mütter behinderter Kinder, a.a.O., S. 16-17.

45 Vgl. Engelbert, Angelika, Familien mit behinderten Kindern. In: Grunow, Dieter/Hurrelmann, Klaus/Engelbert, Angelika. Gesundheit und Behinderung im familiären Kontext. Materialien zum 5. Familienbericht. Bd. 3. München: DJI Verlag Deutsches Jugendinstitut, 1994, S. 139.

46 Ebenda, S. 139.

47 Hagemeister, Ursula, a.a.O., S. 54.

Weiterhin ist zu erwähnen: „Epidemiologisch gesehen finden sich unter den geistig behinderten Kindern mehr Jungen als Mädchen. Der Anteil der geistig Behinderten an der Landbevölkerung ist größer als an der Stadtbevölkerung. Geistig behinderte Kinder sind in sozioökonomisch schwachen Familien unverhältnismäßig häufiger anzutreffen als in mittleren oder höheren Schichten."[48]

Es ist klar, dass unterschiedliche Definitionen sowie Klassifikationen (siehe Gliederungspunkt 2.2 und 2.3) sich auch in unterschiedliche Häufigkeitsangaben zur geistigen Behinderung niederlegen[49].

## 2.7 Die Stellung von Menschen mit geistiger Behinderung in der Gesellschaft

„Die Soziologie der Geistigbehinderten findet sich am Anfang ihrer Entwicklung."[50] Man konzentriert sich hierbei u.a. auf die soziale Stellung von Menschen mit geistiger Behinderung in der Familie sowie in der Gesellschaft, auf psychische und ökonomische Belastungen der Eltern, auf die Zugehörigkeit von Menschen mit geistiger Beeinträchtigung zu den einzelnen Sozialschichten, auf die Möglichkeiten einer sozialen Integration von Menschen mit geistiger Behinderung sowie ihren Familien.

Die momentane Stellung von Menschen mit geistiger Beeinträchtigung sowie deren Familienangehörigen hat mehrere Ursachen: „Die Vorurteile, die auf ein großes Informationsdefizit, aber auch auf Gefühle wie Unsicherheit, Mitleid, Angst, Abscheu und Ekel zurückzuführen sind"[51] sind ein Faktor.

Ein anderer mag darin begründet sein, dass in unserer heutigen Industriegesellschaft, die eine Leistungsgesellschaft darstellt, „der Intelligenz des Menschen ein besonders hoher Stellenwert beigemessen wird, und zwar nicht nur als Gattungsmerkmal und überlebensnotwendiges Vermögen, sondern vor allem auch als Voraussetzung für Anerkennung und Erfolg."[52] Eltern von Kindern mit einer geistigen Behinderung müssen in ihrem Alltag mit negativen Beeinträchtigungen wie soziokulturellen und sozioökonomischen Beeinflussungen sowie sozialen Zuschreibungsprozessen zurechtkommen. Daraus erscheint

48 Hinze, Dieter. Väter und Mütter behinderter Kinder, a.a.O., S. 17.
49 Vgl. Hensle, Ulrich, a.a.O. S. 109.
50 Hagemeister, Ursula, a.a.O., S. 61.
51 Ebenda, S. 62.
52 Hinze, Dieter. Väter und Mütter behinderter Kinder, a.a.O., S. 17.

es berechtigt zu vermuten, dass es Eltern von Kindern mit geistiger Behinderung in unserer Gesellschaftsform besonders schwer haben, die Tatsache der Behinderung sowie die damit verbundene Bejahung zu ihrem Kind anzuerkennen. Näheres dazu im folgenden Abschnitt.

# 3. Zur Situation von Eltern eines Kleinkindes mit geistiger Behinderung

## 3.1. Die Konfrontation mit der geistigen Behinderung

### 3.1.1 Die Pränatale Beratung und Diagnostik

Ein Teil der Neugeborenen kommt mit einer Behinderung zur Welt. Diese kann - wie bereits im Gliederungspunkt 2.5 erwähnt - während der Schwangerschaft (pränatal) entstanden sein.

Zu der pränatalen Beratung gehören die Betreuung und Beratung vor sowie während einer Schwangerschaft. Dazu gehört die Beratung vor der pränatalen Diagnostik, die Beratung zwischen dem Zeitraum der pränatalen Untersuchung und der Befundermittlung und die Beratung bei der Diskussion eines Schwangerschaftsabbruchs.

Zu der pränatalen Diagnostik gehören präventive Maßnahmen vor einer Schwangerschaft, präventive Maßnahmen während der Schwangerschaft, verschiedene Untersuchungsmethoden während der Schwangerschaft und die Vorausplanung sowie Überwachung der Geburt.

#### 3.1.1.1 Präventive Maßnahmen vor und während der Schwangerschaft

Eine wichtige Aufgabe ist es, präventive Maßnahmen einzusetzen, damit die Eltern Schädigungen ihres Kindes vermeiden können. Deshalb kommt der Betreuung und Beratung vor einer geplanten Schwangerschaft sowie präventive Maßnahmen während der Schwangerschaft eine besondere Funktion zu.

Eine aktuelle Diskussion ist in den Medien im Zusammenhang mit der umstrittenen Präimplantationsdiagnostik (PID) zu verfolgen. Hier geht es um die anspruchsvolle ethische Frage, ob Eltern künftig bei künstlichen Befruchtungen die Embryonen auf Gendefekte testen lassen dürfen. Der Bundestag stimmte für eine begrenzte Zulassung der PID.

Das Ziel einer Betreuung und Beratung vor einer Schwangerschaft ist, „einen für Mutter und Kind optimalen Zeitpunkt für die geplante Schwangerschaft zu ermitteln, Risiken im Vorhinein festzustellen (Sozialstatus, Anamnese einschl. Familienanamnese) und diese nach Möglichkeit zu minimieren oder auszuschalten."[53] U.a. gibt es hier zu beachten: Pharmaka, Suchtmittel, Impfungen (z. B. Rötelnprophylaxe).[54]

### 3.1.1.2 Genetische Beratung und pränatale Diagnostik

Die pränatale Diagnostik ist innerhalb der medizinischen Genetik ein Spezialbereich, der im Zusammenhang mit der pränatalen genetischen Beratung gesehen werden muss. „Die pränatale Diagnostik unterscheidet sich insofern von anderen medizinischen Eingriffen, als sie das Ziel hat, eine Erkrankung des Kindes nachzuweisen bzw. auszuschließen. Die Diagnostik einer Erkrankung der Schwangeren wird mit dem Eingriff nicht bezweckt."[55]

Infolge der medizinischen Entwicklung auf dem Gebiet der pränatalen Diagnostik wird eine Beratung der werdenden Eltern immer wichtiger. Immer mehr Untersuchungen werden im Rahmen der pränatalen Diagnostik möglich. Dabei müssen Nutzen und Risiken, die durch die Inanspruchnahme von pränatalen Untersuchungen entstehen, abgewogen werden. Die Eltern stehen vor der Frage, ob sie solch einen medizinischen Eingriff (wie z. B. die Amniozentese) durchführen lassen. Danach beginnt das Warten auf den pathologischen Befund. Diagnostiziert dieser eine Schädigung des ungeborenen Kindes, sind die Eltern mit der Frage konfrontiert, sich für oder gegen einen Schwangerschaftsabbruch zu entscheiden.

Gerade in dem Bereich der pränatalen genetischen Beratung und Diagnostik geraten Ärzte, Berater sowie die werdenden Eltern immer wie-

---

53 Rosegger, H.. Pränatale Prävention. In: Kurz, Ronalt/Muntean, Wolfgang (Hrsg.). Präventive Pädiatrie. Stuttgart, New York: Georg Thieme Verlag, 1990, S. 13.

54 Ebenda, S. 13-16.

55 Enders, Manfred. Psychologische Aspekte genetischer Beratung in der pränatalen Diagnostik. In: Murken, Jan (Hrsg.). Pränatale Diagnostik und Therapie. 2. Aufl. Stuttgart: Ferdinand Enke Verlag, 1987, S. 283.

der in Grenzsituationen, die rechtliche, psychologische, ethische und theologische Aspekte enthalten können.

Daraus folgernd werden in diesem Buch auch Aspekte der pränatalen Beratung und Diagnostik angesprochen, die im Rahmen der genetischen Beratung u.a. auch das Gebiet der Sozialarbeit betreffen. Eine ausführliche Behandlung des Themas würde aufgrund der Komplexität der Inhalte jedoch den Rahmen dieses Buches sprengen. Dem interessierten Leser geben Bücher zu dem Thema der pränatalen Diagnostik wie z. B. „Behindertes leben oder verhindertes Leben"[56], „Pränatale Diagnostik und Therapie"[57], „Schwangerschaft auf Abruf"[58] sowie u.a. die aktuellen Broschüren von pro familia weiterführendes Wissen.

„Es gibt derzeit die folgenden vorgeburtlichen Untersuchungsmethoden:

- Ultraschalluntersuchungen: Nackentranzparenzmessung, Messung des kindlichen Nasenbeins, besonderer Fehlbildungsultraschall, Ultraschall vom Herzen, 3D-Ultraschall, Dopplersonographie
- Blutuntersuchungen: Ersttrimesterscreening, Triple Test
- Invasive (in den Körper eindringende) Verfahren: Chorionzottenbiopsie (frühe Gewebeentnahme aus dem Mutterkuchen), Fruchtwasseruntersuchung, Plazentapunktion (späte Gewebeentnahme aus dem Mutterkuchen), Chordozente (Blutentnahme aus der Nabelschnur)"[59]

Die pränatale Diagnostik kann bei Schwangerschaften mit einem hohen genetischen Risiko eingesetzt werden, bei denen die Eltern einen Schwangerschaftsabbruch in Erwägung ziehen, wenn aufgrund des pathologischen Befunds Schädigungen des Kindes festgestellt werden.

56 Kind, Christian et al. Behindertes Leben oder verhindertes Leben. Bern: Verlag Hans Huber, 1993.

57 Murken, Jan (Hrsg.). Pränatale Diagnostik und Therapie, a.a.O..

58 Katz Rothman, Barbara. Schwangerschaft auf Abruf. Marburg: Metropolis-Verlag GmbH, 1989.

59 Pro familia Deutsche Gesellschaft für Familienplanung, Sexualpädagogik und Sexualprävention e.V. Vorgeburtliche Untersuchungen. 5. Aufl. Frankfurt am Main: Bundesgeschäftsstelle der pro familia, 2006, S. 5.

*„Aufgrund der exakten Diagnosemöglichkeiten kann bei Ausschluss des Leidens die Schwangerschaft fortgesetzt werden. Dieser Aspekt der pränatalen genetischen Diagnostik ist uneingeschränkt positiv zu bewerten. Die Kehrseite dieses Aspekts ist die Möglichkeit des Abbruchs der Schwangerschaft bei der Diagnose der befürchteten Krankheit."*[60]

Ziehen werdende Eltern einen Schwangerschaftsabbruch aufgrund einer Schädigung ihres Kindes in Erwägung so findet sie sich sogleich unmittelbar in der Debatte um das geltende gesellschaftliche Wertesystem wieder. „Was wir vielleicht erkennen sollten, ist, dass Menschen in einer Gesellschaft eigentlich immer nur eine recht begrenzte Entscheidungsfreiheit haben. Innerhalb einer Sozialstruktur mag es so etwas wie eine individuelle Wahl vielleicht gar nicht geben, jedenfalls nicht in einem unumschränkten Sinne. Die Sozialstruktur schafft Bedürfnisse - das Bedürfnis von Frauen, Mutter zu sein, Kleinfamilien und „perfekte Kinder" zu haben - und die Technologie, die es den Menschen erlaubt, die erforderliche Wahl zu treffen."[61] Diese Kritik an unserer „Leistungsgesellschaft" sei an dieser Stelle bewusst voran gestellt.

Ein weiteres Kriterium ist, dass Eltern, die ein geistig behindertes Kind bekommen, selbst Teil einer sozialen Randgruppe innerhalb unserer Gesellschaft werden. Sie stehen vor der Aufgabe, mit der geistigen Behinderung ihres Kindes leben zu lernen, und sind zudem den Belastungen der gesellschaftlichen Strukturen ausgesetzt.[62]

Eine besondere Problematik birgt die Inanspruchnahme der pränatalen Diagnostik bei Zwillings- und Mehrlingsschwangerschaften in sich. Diese Thematik entsteht, wenn der pathologische Befund die Schädigung eines Kindes erbracht hat, und die werdenden Eltern vor der Entscheidung stehen, den Schwangerschaftsabbruch beider Feten auf sich zu nehmen, oder den kranken Fetus unter der Gefährdung des gesunden Fetus operativ entfernen zu lassen.[63]

---

60 Murken, Jan. Genetische Beratungssituationen und die Möglichkeiten der pränatalen Diagnostik. In: Murken, Jan (Hrsg.), a.a.O., S. 14.

61 Katz Rothman, Barbara, a.a.O., S. 22.

62 Vgl. Lambeck, Susanne, a.a.O., S. 81.

63 Vgl. Knörr, Karl. Die pränatale Diagnostik. In: Murken, Jan (Hrsg.). a.a.O., S. 4.

Die Entscheidung für oder gegen die Methoden der pränatalen Diagnostik wird für die werdenden Eltern dann besonders schwer, wenn durch deren Durchführung das ungeborene Kind geschädigt werden könnte oder ein Abortrisiko entstehen könnte.

Daraus ergeben sich zusätzliche Fragen, die werdende Eltern belasten. Es wird deutlich, wie wichtig eine aufklärende genetische Beratung über die möglichen Konsequenzen pränataler Untersuchungen ist, bereits bevor solch eine Untersuchung durchgeführt wird.

„Die Indikationen zur pränatalen Diagnostik leiten sich aus den Indikationen zur genetischen Familienberatung ab; die invasiven Maßnahmen - Chorionzottenbiopsie, Amniozentese, Nabelschnurpunktion, Fetoskopie oder fetale Gewebsentnahme - dürfen nur im Einzelfall nach eingehender genetischer Beratung veranlasst werden."[64]

Eine Beratungssituation kann zustande kommen:

- *wenn die Ratsuchenden Fragen bezüglich Krankheiten haben, die entweder einer der beiden Elternteile hat, oder die bei einem nahen Verwandten aufgetreten sind und die Sorge entstehen muss, dass ein spezielles Risiko dieser Krankheit für die eigenen Kinder besteht,*
- *wenn bereits ein Kind mit Fehlbildungen oder einem geistigen Entwicklungsrückstand geboren wurde (etwa ein Drittel der Ratsuchenden kommen aus diesen Grund),*
- *wenn Umweltschädigungen während der Schwangerschaft auf das ungeborene Kind eingewirkt haben könnten,*
- *bei erhöhten Alter der Eltern (speziell das Alter der Mutter von mehr als 35 Jahren),*
- *bei gynäkologisch ungeklärten Fehlgeburten,*
- *Verwandtenehe.*[65]

„Hauptaufgabe der Beratung ist es, Unsicherheit oder Angst durch eine klare Vorstellung des wirklichen Risikos zu ersetzen."[66]

64 Murken, Jan. Genetische Beratungssituationen und die Möglichkeit der pränatalen Diagnostik. In: Murken, Jan (Hrsg.), a.a.O., S. 6.

65 Vgl. ebenda, S. 6.

66 Ebenda, S. 7.

Bei den aus pränatalen Verfahren gewonnenen pathologischen Befunden gilt es jedoch zu beachten:

- *es kann nicht immer Auskunft darüber gegeben werden, wie groß die Schädigung ist und die damit verbundene spätere Entwicklung des Kindes mit einer Behinderung aussehen wird (hier spielt z. B. auch die Art der Förderung des Kindes eine Rolle die es aus seinen sozialen Umfeld erfährt) und es ist nicht möglich ohne weiteres vom Genotyp auf den Phänotyp zu schließen*
- *von Ausnahmen abgesehen, kann man die zu erwartende Schädigung zwar feststellen; eine Therapie im Mutterleib zur Verhinderung einer späteren Behinderung gibt es nicht*[67] *(z. B. bei Trisomie 21)*

Eine Frau begründet die Ablehnung einer Amniozentese folgendermaßen:

> *„Auf der einen Seite bin ich gegen Abtreibung und glaube, ich könnte jedes Baby, das ich austrage, auch annehmen und akzeptieren; aber andererseits ist mir auch klar, was für eine enorme „Last" ein schwer behindertes Kind wäre, und ich würde eben doch zögern, diese Belastung auf mich zu nehmen ... Aber ... wo kann man denn da die Grenzen ziehen? Habe ich das Recht, meinem Fötus das Leben zu nehmen, wenn auch nur eine geringe Chance besteht, dass er kreatives Potential in sich trägt?"*[68]

Haben sich die ratsuchenden Eltern im Rahmen einer genetischen Beratung dazu entschlossen, eine pränatale Diagnostik in Anspruch zu nehmen, folgt als nächstes die Durchführung des Eingriffs. Danach folgt das Warten auf den pathologischen Befund. Testpsychologische Untersuchungen zeigen, „dass der unmittelbare Eingriff und die Befundmitteilung als besonders angsterregend erlebt werden."[69] Der Eingriff bedroht die Unversehrtheit der Schwangeren sowie des ungeborenen Kindes. Die Mitteilung des Befundes wird mit Spannung und oft sich vermehrender Angst erwartet.

Ein besonderes Problem kann u.a. für die Schwangeren entstehen, wenn sie während der Zeit des Wartens auf die Befundmitteilung erste Kindsbewegungen spüren. Die Schwangerschaft ist in ein neues

---

67 Vgl. Lambeck, Susanne, a.a.O., S. 76.

68 Katz Rothman, Barbara, a.a.O., S. 76.

69 Endres, Manfred. Psychologische Aspekte genetischer Beratung in der pränatalen Diagnostik. In: Murken, Jan (Hrsg.), a.a.O., S. 292.

Stadium getreten, in dem die werdende Mutter die Existenz ihres ungeborenen Kindes wahrnimmt. Andererseits weiß sie, dass die künftige Existenz des Fetus durch die pränatale Diagnostik in Frage gestellt wird.

Infolgedessen sollte unter Berücksichtigung einer möglichen Beeinträchtigung der Mutter-Kind-Beziehung durch den ausstehenden Befund eine möglichst schnelle Befundmitteilung erfolgen. Eine baldige Befundübermittlung zu einem frühen Zeitpunkt der Schwangerschaft (im I. Trimenon) kann in Folge neuer Entwicklungen in der Medizin aufgrund einer Chorionzottenbiopsie erfolgen, während eine Amniozentese mit anschließender Wartezeit erst zu einem späteren Zeitpunkt (im II. Trimenon) ein Ergebnis liefert.[70]

Es gilt festzuhalten, dass in der Zeit zwischen der Durchführung der pränatalen Diagnostik und der Befundmitteilung es für die werdenden Eltern wichtig ist, mit der genetischen Beratung im Kontakt zu bleiben. Sie benötigen einen Ansprechpartner für ihre immer wieder aufkommenden Ängste und Sorgen.

Stellt sich aufgrund des Ergebnisses der pränatalen Diagnostik heraus, dass das ungeborene Kind geschädigt ist, erfolgt die Diskussion für oder gegen einen Schwangerschaftsabbruch, der die werdenden Eltern in einen schweren Konflikt bringen kann. Auch können nach der Durchführung eines Schwangerschaftsabbruchs schwere psychische Belastungen (z.B. Depressionen) auftreten. Zentrale Anlaufstellen sind hier u.a. die Beratungsstellen für Schwangerschafts- und Familienfragen.

Als besonders gravierende Problematik bei der Diskussion eines Schwangerschaftsabbruchs kann sich -sowohl hinsichtlich der psychischen Belastungen als auch der technischen Schwierigkeiten- herausstellen, dass der Schwangerschaftsabbruch vom Arzt oft erst kurze Zeit vor Erreichen der Lebensfähigkeit des Fetus vorgenommen werden kann. Es gelingt der Medizin heute, Frühgeborene nach einer Geburt in der 24 Schwangerschaftswoche am Leben zu erhalten. Folglich stellt sich die Frage nach der zeitlichen Limitierung des Schwan-

70 Vgl. ebenda, S. 292.

gerschaftsabbruches nach § 218 StGB, um der verbesserten Überlebenserwartung der sehr kleinen Frühgeborenen Rechnung zu tragen.[71]

Richtungsweisende rechtliche Bestimmungen zu einem Schwangerschaftsabbruch sind aus den § 218 StGB und den § 219 StGB zu entnehmen.

Bei der Befundmitteilung gilt es zu beachten, dass der pathologische Befund persönlich mit beiden Elternteilen besprochen wird, „mit dem Ziel, eine Übereinkunft bezüglich der Konsequenz hinsichtlich des weiteren Schwangerschaftsverlaufes zu erzielen, wobei die Entscheidungskompetenz bei den Ratsuchenden verbleibt."[72]

Eine Frau berichtet über die Befundmitteilung:

> *„Man macht alles mit und wünscht sich dieses Baby so sehr, und wie bei jeder Schwangerschaft nimmt man seine Vitamine und tut alles, um dieses Baby zu schützen, und dann, innerhalb von Sekunden, wird aus dieser erwünschten Schwangerschaft eine total unerwünschte, und es versetzt einen in einen vollkommenen Schockzustand; es ist ein totaler Wechsel. Man ist kein bisschen darauf vorbereitet."*[73]

Nach der Entscheidung für oder gegen einen Schwangerschaftsabbruch sollte das Angebot für weitere Beratungsgespräche betont werden. Bei der Entscheidung für einen Schwangerschaftsabbruch können dadurch u.a. depressive Reaktionen aufgefangen werden. Bei einer Entscheidung für ein Leben mit einem Kind das behindert sein wird, ist es wichtig, dass der Berater den werdenden Eltern durch weitere Gesprächsangebote hilfreich zur Seite steht und den Eltern Kontaktadressen hinterlässt, die weitere Hilfen vermitteln können (vgl. Gliederungspunkt 8.2).

> *Über den Schwangerschaftsabbruch selbst berichtet eine Frau: „Der schmerzlichste Augenblick für mich war, als der Arzt die Salzlösung*

71 Vgl. Knörr, Karl. Die pränatale Diagnostik. In: Murken, Jan (Hrsg.), a.a.O., S. 4.

72 Endres, Manfred. Psychologische Aspekte genetischer Beratung in der pränatalen Diagnostik. In: Murken, Jan (Hrsg.), a.a.O., S. 296.

73 Katz, Rothman, Barbara, a.a.O., S. 194.

*spritzte, und ich wusste, dass das der Zeitpunkt war, an dem ich das Baby umbrachte. Das war für mich der schlimmste Moment."*[74]

„Die pränatale Diagnostik wird uns von der Auseinandersetzung mit der gesellschaftlichen Akzeptanz von Behinderungen nicht stillschweigend entheben."[75] Im Gegenteil. Gerade in unserer Zeit steht die pränatale Diagnostik im Mittelpunkt des öffentlichen Interesses und es sollte daran erinnert werden, „dass eine angemessene Lösung des Problems angeborener Behinderungen darin zu suchen ist, wie wir, die Gesellschaft mit Behinderten leben, wie wir uns bemühen Vorurteile über Behinderungen und Belastungen zu erkennen und abzubauen."[76]

#### 3.1.1.3 Die Vorausplanung und Überwachung der Geburt

Mit Hilfe der Vorsorgeuntersuchungen (die u.a. der Schwangerenfürsorge dienen), kann man Risiken schon während der Schwangerschaft erkennen, die mit hoher Wahrscheinlichkeit bei der Geburt zu Komplikationen führen. Hier bedarf es einer besonderen Vorplanung der Geburt sowie einer Beratung der Schwangeren. Aber auch ohne ein Geburtsrisiko sind Vorkehrungen wie z. B. Geburtsvorbereitungskurse sinnvoll.

Bei einer zu erwartenden Risikogeburt wird ganz allgemein die Entbindung in einer Schwerpunktabteilung empfohlen, die für solche Risikogeburten speziell ausgestattet ist.[77]

### 3.1.2 Die Konfrontation mit der geistigen Behinderung nach der Geburt

Die Konfrontation mit der Behinderung kann innerhalb der genetischen Beratung und pränatalen Diagnostik während der Schwangerschaft (siehe dazu Gliederungspunkt 3.1.1), während, bzw. kurz nach der Geburt (z. B. durch das Aussehen des Kindes wie z. B. bei Trisomie 21) oder zu einem späteren Zeitpunkt (z. B. durch einen Unfall oder aufgrund eines beobachtbaren Entwicklungsrückstandes des Kindes) erfolgen.

---

74 Ebenda, S. 200.
75 Nippert, Irmgard. Die Geburt eines behinderten Kindes. Stuttgart: Ferdinand Enke Verlag, 1988, S. 143.
76 Ebenda, S. 143.
77 Vgl. Rosegger, H.. Pränatale Prävention. In: Kurz; Ronald/Muntean, Wolfgang (Hrsg.), a.a.O., S. 24-25.

Wird die Behinderung des Kindes nicht während der Schwangerschaft durch eine genetische Beratung und die darauf folgende pränatale Diagnostik festgestellt, trifft die Behinderung die Eltern sowie das Kreißsaalteam unvorbereitet. Die Situation, die sich daraus ergeben kann, wird folgendermaßen beschrieben:

> *„Dieses betretene Schweigen, das durch die Behinderung des Kindes ausgelöst wird, ist für die Mutter der erste Hinweis, dass mit ihrem Kind wahrscheinlich etwas nicht in Ordnung ist. Die Situation der Mutter im Kreißsaal wird nach ihren Aussagen wesentlich von der Reaktion der Ärzte und des übrigen anwesenden Personals auf die Behinderung des Kindes bestimmt. Die meisten Mütter berichten, dass man zunächst versuchte, den Zustand des Kindes (und damit häufig auch das Kind) vor ihnen zu verbergen, ihren Fragen auszuweichen oder sie nicht zu beantworten.“*[78]

Der Arzt, der den Eltern eine geistige Behinderung ihres Kindes mitteilen muss, befindet sich in einer heiklen Beziehungssituation, „weil Eltern mit einer schwerwiegenden Information konfrontiert werden müssen, die sie unmittelbar emotional schwer belastet und sie rational auf eine ungewisse Zukunft ausrichtet.[79] Mit der gesicherten Diagnose gibt es keine Heilung mehr. Die geistige Behinderung ist unaufhebbar. Die Eltern stehen vor der schwierigen Aufgabe, mit der geistigen Behinderung ihres Kindes leben zu lernen.

Zusätzlich können u.a. besondere Probleme in der Mutter-Kind-Bindung auftreten, wenn das Neugeborene aufgrund seines Gesundheitszustandes nach der Geburt von der Mutter getrennt wird, oder wenn die Eltern über medizinische Eingriffe am Säugling bestimmen müssen, die zum Teil über Leben und Tod ihres Kindes entscheiden können.

Wärme, Nähe, Geborgenheit sind u.a. grundlegende Bedürfnisses des Neugeborenen. Ist die Mutter aufgrund der Behinderung ihres Säuglings oder des Verdachts einer Behinderung verletzt, voller Sorge und Angst, so wirkt sich dies auf die Mutter-Kind-Beziehung aus. Eine enge emotionale Beziehung kann verhindert werden. „Statt von Verbundenheit und Nähe wird das Erleben durch inneren Aufruhr und

---

78 Nippert, Irmgard, a.a.O., S. 30.

79 Schmidt, Klaus-Jürgen G.. Mein Kind ist behindert! Heidelberg: Heidelberger Verlagsanstalt und Druckerei GmbH - Edition Schindele, 1986, S. 19.

äußeren Stress bestimmt."[80] Die Eltern stehen dem Verhalten ihres Kindes hilflos gegenüber, was bei ihnen Unsicherheit, Ängste und Stress auslöst.

Eine Mutter berichtet über ihre Tochter mit Trisomie 21:

> *„Sie hatte nicht einmal einen Saugreflex, und das Füttern war eine Qual für uns beide. Ich hielt ihre Nase zu, sie öffnete den Mund, ich goss ein Löffelchen Milch hinein, sie verschluckte sich, aber einen Teil schluckte sie auch - so überlebte sie."*[81]

Es bleibt zu vermerken, dass nicht nur Mütter mit geistig behinderten Kindern Probleme im Umgang mit ihrem Säugling bekommen können. Es ist aber möglich, dass diese aufgrund einer Behinderung vermehrt auftreten.

Wird das Neugeborene aufgrund seines Gesundheitszustandes von der Mutter nach der Geburt getrennt, so hat dies Auswirkungen auf die Mutter-Kind-Bindung. Beobachtungen und Untersuchungen „sprechen überzeugend dafür, dass es auch beim Menschen eine eigentümliche Phase kurz nach der Geburt gibt, die für die Bindung der Mutter an den Säugling grundlegend ist."[82] Werden Neugeborene von ihrer Mutter getrennt, kann man beobachten, „dass viele Mütter, die eine solche Trennung erlebten, hinterher mit sichtlichem Zögern und Ungeschick darangingen, ihre Mutterrolle zu übernehmen."[83] Sie kamen z. B. nicht so mit dem Wickeln und Stillen zurecht wie die meisten anderen Mütter. Bei einem längeren Klinikaufenthalt des Säuglings kann es zu einer solchen Entfremdung kommen, dass es den Eltern schwer fällt, unbefangen auf ihr Kind zuzugehen.

Eine Mutter berichtet über das Getrenntsein von ihrem Sohn:

> *„Die Notwendigkeit des Getrenntseins von Jens lässt mich erneut erstarren. Gefühle haben keinen Platz in der Welt der Medizin, meine Hand zieht sich vom Körper meines Sohnes zurück, verlässt den Glaskasten und verschwindet in den Taschen des weißen Kit-*

80 Ebenda, S. 14.

81 Lehmann, Dorothee. Dagmar. München: Deutscher Taschenbuch Verlag, 1991, S. 12.

82 Klaus, Marshall H./ Kennell, John H. Mutter-Kind-Bindung. München: Deutscher Taschenbuch Verlag GmbH & Co. KG, 1987, S. 81.

83 Ebenda, S. 81.

*tels, den ich anziehen musste. Erschöpft verlasse ich Jens, die Klinik und überlasse mein Kind dem Glaskasten, der Technik und den Ärzten..."*[84]

Ist die Trennung des Kindes von der Mutter aufgrund des Gesundheitszustandes des Kindes notwendig (wovon besonders Kinder mit einer Behinderung betroffen sind), so ist es für die Eltern wichtig, dass sie über die technischen Geräte und die damit verbundene medizinische Betreuung seitens der Ärzte aufgeklärt werden. So können u.a. Unsicherheiten und Ängste der Eltern gemindert werden.

Bei Kindern, deren Behinderung erst zu einem späteren Zeitpunkt vermutet sowie erkannt wird, kann sich vorerst eine unbefangenere Eltern-Kind-Bindung entwickeln. Bleiben bei einem geistigen Entwicklungsrückstand die erwarteten Entwicklungsfortschritte des Kindes aus, birgt dies jedoch die Gefahr in sich, dass das Kind zu einem Objekt wird, „das man beobachtet, mit anderen Kindern vergleicht, und dessen Körperfunktionen man überprüft, um sich von seinen Fähigkeiten zu überzeugen."[85] Dies kann sich nachhaltig auf die emotionale Eltern-Kind-Bindung auswirken. Deshalb ist zu diesem Zeitpunkt eine Beratung der Eltern wichtig, die ihnen Wissen und Unterstützung vermittelt.

Aufgrund des Gesundheitszustandes des Kindes kann es passieren, dass Eltern nach der Geburt über medizinische Behandlungen entscheiden müssen. Dies kann z. B. bei einem Säugling mit Trisomie 21 vorkommen, der mit einem schweren Herzfehler auf die Welt gekommen ist (Herzfehler können bei dieser Behinderung vermehrt auftreten). Ist eine sofortige Behandlung oder Operation notwendig, kann es geschehen, dass die Eltern gezwungen werden, innerhalb kürzerster Zeit unter starken psychischen Belastungen und Zeitdruck Entscheidungen zu treffen. „Mit der Entscheidung tragen sie Verantwortung für die Zukunft ihrer Familie und erleben die Angst vor dem Ungewissen, dem sie entgegen gehen."[86]

Die Probleme, wie sie schon kurz nach der Geburt auftreten, machen deutlich, wie notwendig eine angemessene Betreuung der Eltern mit

---

84 Dreyer, Petra. Ungeliebtes Wunschkind. Frankfurt am Main: Fischer Taschenbuch Verlag GmbH, 1993, S. 15.

85 Schmidt, Klaus-Jürgen G., a.a.O., S. 15.

86 Ebenda, S. 14.

einem geistig behinderten Säugling ist. Zum einen sind die Eltern starken psychischen Belastungen ausgesetzt, zum anderen benötigt das Kind ihre Liebe und Fürsorge.

Es lassen sich u.a. folgende Wünsche der Eltern an die Ärzte festhalten:

> *„dass die Eltern sich eine möglichst frühe Aufklärung durch den Arzt wünschen. Diese Aufklärung sollte ihrem Bedürfnis nach Information über die Behinderung ihres Kindes gerecht werden und in einer für sie verständlichen Art und Weise stattfinden. Positiv bewerten die Eltern eine Aufklärung, bei der der Arzt nicht eine für sie unverständliche, medizinische Sprache benutzt, die sie als distanziert empfinden. Sie wünschen sich, in die Überlegungen, was weiter mit ihrem Säugling geschehen soll, mit einbezogen zu werden. Sie brauchen das Gefühl, dass der Arzt an der weiteren Entwicklung des Kindes interessiert ist."*[87]

Egal, ob die Eltern während der Schwangerschaft mit einer Behinderung konfrontiert werden (hier bleibt im Rahmen der gesetzlichen Bestimmungen die Möglichkeit des Schwangerschaftsabbruchs), während oder nach der Geburt, so ist die Vermutung oder Feststellung einer geistigen Behinderung ein Schock für die Eltern.

Sie werden durch die geistige Behinderung an die Grenzen ihrer psychischen Belastbarkeit gebracht. Ihre Situation ändert sich grundlegend. Ihre bisher verinnerlichten Werte und Normen werden in Frage gestellt. Es entstehen Ängste, anders zu sein, als die anderen, an den Rand gedrängt zu werden, den Normen und Werten der Gesellschaft nicht gewachsen zu sein. Schließlich wurden den Eltern u.a. in der Werbung immer wieder die glücklichen Eltern mit dem „perfekten Kind" gezeigt. Mit der Geburt eines Kindes mit geistiger Behinderung können die Eltern solchen gesellschaftlichen Erwartungshaltungen nicht mehr entsprechen. Eine Welt bricht für sie zusammen. Eine angemessene Krisenbegleitung ist notwendig (vgl. Gliederungspunkt 3.2.2). Schlussfolgernd lässt sich das Fazit einer Mutter festhalten:

*„Man müsste geradezu eine Institution schaffen, die den Eltern über die Anfangsschwierigkeiten hinweghilft. Für die Kinder ist ja gesorgt. Die Eltern brauchen Hilfe."*[88]

---

87 Lambeck, Susanne, a.a.O., S. 41.

88 Beuys, Barbara. Eltern behinderter Kinder lernen neu leben. Reinbek bei Hamburg: Rowolt Taschenbuch Verlag GmbH, 1993, S. 39.

## 3.2 Der Lernprozess der Krisenverarbeitung

### 3.2.1 Psychologische Theorien, Modelle und Konzepte zum Auseinandersetzungs- und Verarbeitungsprozess der Krisenverarbeitung

Mit den Auseinandersetzungs- und Verarbeitungsprozessen, die durch Krisen ausgelöst werden, befassen sich verschiedene psychologische Theorien, Modelle und Konzepte. An dieser Stelle soll ein grober Überblick über diesen Forschungsgegenstand gegeben werden:

- *das Homöostase-Modell*[89]
- *die Stress-Theorien (wobei die Stress-Theorie von Lazarus richtungsweisend ist)*
- *das Konzept der „Kritischen Lebensereignisse" (welches sich an der „life-event-Forschung" orientiert)*
- *emotionspsychologische Konzepte*
- *sozialpsychologische Konzepte*
- *die Phasenmodelle*[90]

Im Rahmen des Gliederungspunktes 3.2 „der Lernprozess der Krisen verarbeitung" wird auf das Krisenverarbeitungsmodell von Erika Schuchardt eingegangen. Man kann es unter der Gruppe der Phasenmodelle einordnen. In der aktuellen Fachliteratur zur Krisenverarbeitung trifft man immer wieder auf das Modell von Erika Schuchardt (sie selbst hat als anerkannte Kapazität mehrere Bücher geschrieben, einige sind im Literaturverzeichnis dieses Buches aufgeführt).

Für die von Erika Schuchardt als „Lernprozess und als Lernchance angesehene Krisenverarbeitung hat sie ein empirisch-wissenschaftlich fundiertes Modell mit einer flexibel anmutenden Konstruktion entwickelt, zumal sie den Prozess der Krisenverarbeitung als von intrapsychischen ebenso wie sozialen und gesellschaftlichen Bezügen getragen ansieht."[91]

Bei dem Modell von Erika Schuchardt handelt es sich nicht um ein in jüngerer Zeit entwickeltes Phasen-Modell (wie z.B. von Solnit

89 Vgl. Balzer, Brigitte/Rolli, Susanne. Sozialpädagogik und Krisenintervention. Neuwied, Darmstadt: Hermann Luchterhand Verlag, 1981, ab S. 174.

90 Vgl. Hinze, Dieter. Väter und Mütter behinderter Kinder, a.a.O., ab S. 168.

91 Ebenda, S. 170.

und Stark, Wright, Mc Farland und Schilling[92]). Sie stellt vielmehr Spiralphasen dar. Dadurch trägt sie der Komplexität und Dynamik der Auseinandersetzungs- und Verarbeitungsprozesse Rechnung (näheres dazu im Gliederungspunkt 3.2.2). Ihr „Spiral-Phasen-Modell" verdient eine „gesonderte Betrachtung"[93].

Es stellt besonders für den Fachbereich Sozialwesen einen theoretischen Ansatz sowie eine Herausforderung dar. Erika Schuchardt verdeutlicht den Auseinandersetzungs- und Verarbeitungsprozess der Krisenbewältigung. Zudem betont sie die Notwendigkeit einer angemessenen Krisenbegleitung (gerade am Anfang der Krisenbewältigung) und zeigt Bedingungen sowie Methoden dafür auf.

### 3.2.2 Das Krisenverarbeitungsmodell von Erika Schuchardt

Das „Spiral-Phasen-Modell" von Erika Schuchardt ist aufgrund einer Literaturanalyse entstanden. In erster Linie ging es dabei „um die Erschließung typischer Strukturen und Bedingungsfaktoren längerfristiger Lernprozesse angesichts von Behinderungen bzw. Krisen"[94]. Die Methode der Biographieanalyse ergänzt Erika Schuchardt durch intensive Interviews, aktive Befragung, teilnehmende Beobachtung, inhaltsanalytische Auswertung von Lernsituationen, Gesprächsanalysen von Beratungen. Dabei wurde der Einzelfallstudie durch die Inhaltsanalyse autobiographischer Quellen der Vorzug gegeben.[95]

Erika Schuchardt befasste sich mit mehr als 2000 Lebensgeschichten der Weltliteratur von 1900 bis zur Gegenwart. Sie stammen aus europäischen als auch aus außereuropäischen Ländern.[96]

Der Vorteil einer Einzelfallstudie von autobiographischen Texten ist, dass er die Entwicklung einer sozialen Einheit widerspiegelt wie die einer Person, einer Familie (hier primär die Eltern von einem Kleinkind mit geistiger Behinderung), oder einer sozialen Gruppe. „Die Einzelfallstudie verschafft zugleich Einblick in eine Reihe zusammenhängen-

92 Ebenda, ab S. 170.

93 Ebenda, S. 170.

94 Schuchardt, Erika. Biographische Erfahrungen und wissenschaftliche Theorie. 5. Aufl. Bd. 1. Bad Heilbrunn/Obb.: Verlag Julius Klinkhardt, 1993, S. 74

95 Ebenda, ab S. 70.

96 Schuchardt, Erika. Biographische Erfahrungen und wissenschaftliche Theorie. 8. Aufl. Band 1, a.a.O., S. 45

der Beziehungen und Prozesse"[97] (hier die Verarbeitung der individuellen Eigenart der geistigen Behinderung).

Baacke und Schulze verweisen hierbei auf die Schwierigkeit einer eindeutigen Zuordnung, die aufgrund eines fehlenden brauchbaren terminologischen und theoretischen Instrumentariums sowie auch im fossilen Charakter der Inhalte autobiographischer Schriften entsteht.

Dieser Vorwurf gegenüber der Einzelfallstudie wird von Goode und Hatt gemildert. Sie weisen die Einwände gegenüber der Einzelfallstudie als nichtstatistischem intuitivem Verfahren unter dem Hinweis zurück, dass die Unterscheidung zwischen statistischem und nichtstatistischem Verfahren unzutreffend ist. Sie sehen die Einzelfallstudie als eine besondere Art das Forschungsmaterial zu ordnen, bei dem jede soziale Einheit als Ganzes angesehen wird.

Holländer entkräftet zudem den Vorwurf einer mangelnden Objektivität der Einzelfallstudie. Seiner Ansicht nach ist es notwendig, Vorlieben und Vorurteile von sozialen Erscheinungen und Haltungen zu kontrollieren, aber es sei töricht, ihr Nichtvorhandensein vorzutäuschen oder zu fordern. Es besteht jedoch die Gefahr, dass die Interpretation der Texte von Autobiographien fehlgedeutet wird. Damit wird die Berücksichtigung des kommunikativen Rahmens zur entscheidenden Voraussetzung, wenn Lebensgeschichten wissenschaftlich untersucht werden.[98]

Die Einzelfallstudie bietet -im Unterschied zu quantifizierenden Methoden- die Möglichkeit der Individualität des Menschen, die in Statistiken sowie Tabellen leicht verloren geht, gerecht zu werden. Diese Lebenswelterforschung der Betroffenen bildet die Voraussetzung für eine angemessene Krisenbegleitung, auf die innerhalb dieses Modells Wert gelegt wird. Ein Punkt, der diesen Ansatz gerade für die Sozialarbeit interessant macht.

An dieser Stelle sei darauf hingewiesen, dass hier nur einige Vor- und Nachteile des Modells aufgeführt sind, die zur Diskussion anregen sollen.

---

97 Schuchardt, Erika. Biographische Erfahrung und wissenschaftliche Theorie, 5. Aufl. Bd. 1, a.a.O., S.71.

98 Ebenda, S. 71-74.

Das Ergebnis der nachfolgenden Untersuchung ist die Aufdeckung der Struktur eines Lernprozess der Krisenverarbeitung. Die Betrachtung der Spiralphasen erfolgt unter zwei Gesichtspunkten. Zum einen die Situationsdefinition als spontane direkte Rede (z. B. „Warum gerade ich?"). Zum anderen der kognitiv-emotionale Eindruck in seiner Zustandsbefindlichkeit der Deutungsmuster des Betroffenen (z. B. der „Aggression").[99]

Das Modell von Erika Schuchardt zeigt einen Lernprozess der Krisenverarbeitung auf, der aus acht Spiralphasen bestehen kann. Um der Komplexität, Dynamik und Individualität des Verarbeitungsprozesses der Krisenbewältigung Rechnung zu tragen, wurde anstelle des Begriffes „Phase" die „Spiralphase" eingeführt. „Während Phasen durch Begrenzung abgeschlossen sind, unterstreicht der Begriff Spiralphase einerseits die Unabgeschlossenheit, andererseits bringt er plastisch das Moment der Überlagerung zum Ausdruck."[100]

Dem folgenden „Spiral-Phasen-Modell" liegen verschiedene Fragestellungen zugrunde:

- *„Wie erleben Behinderte und ihre Bezugspersonen die Behinderung?*
- *Wie erlernen Behinderte und ihre Bezugspersonen die Verarbeitung der Behinderung?*
- *Wie erfahren sich Behinderte und ihre Bezugspersonen im Lernprozess der Behinderungsverarbeitung: als sozial Integrierte oder als sozial Isolierte?"*[101]

Der Blick ist im Rahmen der folgenden Ausführungen auf die Bezugspersonen gerichtet, nämlich den Eltern von einem Kind mit geistiger Behinderung.

### Spiralphase 1: Ungewissheit

Ein Arzt erklärt „ihr Kind hat eine geistige Behinderung". Dieser Krisenauslöser in Form einer Diagnose, einer Nachricht, ein Ereignis schlägt wie ein Blitz ein, der Betroffene befindet sich in panischer Angst vor dem Unbekannten.[102] Eine Mutter, die gleich nach der Ge-

99 Ebenda, S. 94-95.
100 Ebenda, S. 95.
101 Ebenda, S. 68-69.
102 Vgl. Schuchardt, Erika. Warum gerade ich...?. Leben lernen in Krisen. 12. Aufl. Göttingen: Vandenhoeck & Ruprecht GmbH & Co. KG, 2006, S. 37.

burt am Gesichtsausdruck ihres Kindes den Verdacht auf Trisomie 21 in sich birgt schreibt:

> *„Ich spürte das Kind auf meinem Bauch, legte behutsam die Hände um das, was ich nicht wahr haben wollte. Tot sein. Verzweiflung kroch wie klebriger Sumpf an mir hoch, dröhnte in den Ohren, verstopfte die Sinne. Mir war zum Ersticken, zum Ersticken vor dem Leben, das ich geboren hatte."*[103]

Weiter schreibt sie:

> *„In grausamer Sprachlosigkeit schob man das Neugeborene einige Zeit später im Gitterbettchen neben mich. Die Hebamme reichte mir die Hand. „Herzlichen Glückwunsch!" Ihre Blicke flohen mich, und ihre Hand schreckte vor der meinen zurück. Wie ein Spuk entschwand sie."*[104]

Der Betroffene wird mit einer Situation konfrontiert, die von der Norm (wie hier z. B. ein gesundes Kind zu haben) abweicht, die sein an Werte und Normen orientiertes Leben zerstört.[105] Die Krise ist ausgelöst. Eine Mutter schreibt:

> *„Ich hatte nie Kontakt mit Müttern behinderter Kinder. Es trifft einen völlig unvorbereitet. Alles war weit weg. Ich habe einen großen Bogen um Behinderte gemacht und gedacht: Die arme Mutter."*[106]

Die Betroffenen befinden sich in Angst vor dem Unbekannten über das sie i.d.R. nichts oder wenig wissen. So greift der Betroffene auf bisher erlernte Abwehrmechanismen zurück, um sich zu wehren. Er versucht alles, um den Krisenauslöser zu verdrängen, denn er kann nicht existent werden, weil er nicht existent sein darf.[107] Eine Mutter, bei deren Kind ein Verdacht auf Trisomie 21 besteht, gibt ihre Situation wieder:

---

103 Lebéus, Angelika-martina, Liebe auf den zweiten Blick. Olten: Walter-Verlag AG, 1989, S. 18.

104 Ebenda, S. 18.

105 Vgl. Schuchardt, Erika. Warum gerade ich...? Leben lernen in Krisen, a.a.O., S. 37.

106 Beuys, Barbara, a.a.O., S. 40.

107 Vgl. Schuchardt, Erika. Warum gerade ich...? Leben lernen in Krisen, a.a.O., S. 37.

*„Mein Kind. Mein Baby. Wie hatte ich es voll Liebe und Sehnsucht erwartet, und nun ließ es meine Welt in Sekundenbruchteilen zusammenfallen. Hier lag ich zerbrochen, ohnmächtig, haltlos, ohne Schutz und Hoffnung und Mut. Und ohne Liebe. Denn das Kind, das ich stolz während der Monate in mir getragen hatte, war gestorben. Und mit ihm alle Vorstellungen von einem Leben mit ihm. Nichts war mehr so wie es gewesen war oder wie es sein sollte. Die Leere war total, eisig und grau. Die Ausweglosigkeit durchstieß mich wie ein unsagbarer Schmerz, wie nicht erfahren dagegen die Wehenschmerzen."*[108]

Das Hauptmerkmal dieser Spiralphase ist die „implizite Leugnung". Kübler-Ross nennt den Umstand der Ungewissheit „Nicht-wahrhabenwollen und Isolierung". Das „Nichtwollen" wäre aber ein bewusster Vorgang. Bei dem Begriff der Ungewissheit handelt es sich demgegenüber um einen halbbewussten Zustand, bzw. ein noch nicht Erkennen können. Der Betroffene hat dabei die Tendenz die Krise zu leugnen. Auf der Ausdrucksebene entspricht dieser Zustand der Frage: „Was ist eigentlich los...?" Das Wort „eigentlich" birgt dabei das bereits Uneingestandene in sich, was auf eine weitere Krisenverarbeitung vorbereitet.

Erika Schuchardt beschreibt diese Eingangsphase näher, indem sie hierfür drei typische Zwischenphasen festhält. Diese drei Zwischenphasen sind für die Begleitung der Betroffenen hilfreich. Sie können gemäß ihres Grundprinzips der Spiralphasen einander sowohl ablösen, wie neben- und miteinander bestehen und können von unterschiedlicher Dauer sein.

**Zwischenphase 1.1: Unwissenheit**

Auf der Ausdrucksebene entspricht diese Zwischenphase der Frage: „Was soll das schon bedeuten...?". Der Betroffene versucht zu bagatellisieren, erklärt aufkommende Zweifel für eine furchtbare Gewissheit, für nichtig. Das Noch-nicht-Wissen verschafft sich Raum als Unwissenheit. Aufgrund der sich mehrenden Signale und Reaktionsweisen aus seiner Umwelt, die sich immer mehr als belastende Faktoren für

108 Lebéus, Angelika-martina, a.a.O., S. 20.

den Betroffenen herauskristallisieren, wird dieser Raum des Noch-nicht-Wissen kleiner.[109] Eine Mutter berichtet:

> *„Auch will ich die Wahrheit noch gar nicht wissen. Ich klammere mich noch immer an die Hoffnung des Irrtums."*[110]

## Zwischenphase 1.2: Unsicherheit

Der Betroffene stellt sich auf der Ausdrucksebene die Frage: „Hat das doch etwas zu bedeuten...?". Kennzeichnend für diese Zwischenphase ist einerseits, dass die aufkommenden Zweifel nicht mehr negiert werden können, und andererseits, dass die psychisch labile Gefühlslage es verhindert, die Realität zu erkennen und sie zu akzeptieren. Um das Ereignis psychisch zu verarbeiten, benötigt der Betroffene viel Zeit.

Die bestehende Unsicherheit führt zu einer erhöhten Sensibilität des Betroffenen. Er registriert scheinbar alles, gezielt, und überspitzt stellt er die Frage nach Gewissheit, er zieht Vergleiche, stellt Erklärungsversuche auf, mit dem Ziel diese Tatbestände zu leugnen: „Nein, das hat doch nichts zu bedeuten!" In dieser Zwischenphase existieren i.d.R. bereits Wissende wie z. B. der Arzt oder Bekannte, die den Prozess des Erkennens seitens des Betroffenen stark beeinflussen können. Die Wissenden tragen Verantwortung, da sie mit ihrem Verhalten die Weichen für das zukünftige Verhältnis (Vertrauens- oder Misstrauensverhältnis) stellen.[111] Eltern berichten:

> *„Dass unsere Familien und unsere Freunde einfach zugehört und Interesse gezeigt haben, war eine große Hilfe (...). Man schafft es kaum aus sich allein, die Verzweiflung zu überwinden. Man braucht Freunde."*[112]

Der Prozess des Erkennens kann durch die Wissenden stark beeinflusst werden (vgl. Gliederungspunkt 3.1.2). Die sich mehrenden Indizien für den Tatbestand der Gewissheit können jedoch zu diesem Zeitpunkt vom Betroffenen nicht angenommen werden. Umgekehrt verstärkt sich angesichts der wachsenden Bedrohung bei dem Betrof-

---

109 Vgl. Schuchardt, Erika. Warum gerade ich...? Leben lernen in Krisen, a.a.O., S. 38.

110 Dreyer, Petra, a.a.O., S. 16.

111 Vgl. Schuchardt, Erika. Warum gerade ich...? Leben lernen in Krisen, a.a.O., S. 38.

112 Beuys Barbara, a.a.O., S. 51.

fenen eine massive Verteidigungshaltung, die emotional erklärbar ist. Die massive Verteidigung ist Indiz für die Unannehmbarkeit.

**Zwischenphase 1.3: Unannehmbarkeit**

Die Unannehmbarkeit steht für die Unfähigkeit zur Annahme des Verlustes von Lebensmöglichkeiten. Bezeichnend hierfür steht die Ausdrucksebene: „Das muss doch ein Irrtum sein...?". Der Betroffene versucht aktiv die drohende Gewissheit abzuwehren. Ein Kennzeichen ist die selektive Wahrnehmung. Der Betroffene sieht nur das, was die beruhigende Unwissenheit unterstützt, dass alles in Ordnung ist. Er sucht dabei nach Vergewisserung: „Sie meinen doch auch, dass...?", oder die bejahende Verneinung: „Ja, es ist so...aber...?. Der Betroffene ist auf der Suche nach Fluchtwegen, um der Wahrheit zu entfliehen.

Am Ende dieses letzten Versuchs, der Wahrheit zu entkommen, steht der unausgesprochene Wunsch nach erlösender Gewissheit, die die unerträgliche Spannung beendet. Bei fehlender oder unangebrachter Prozessbegleitung kann die Wahrheits-Entdeckung sehr lange hinausgeschoben werden.

Bereits in der Erkennungs- und Einleitungsphase können durch eine angemessene Prozessbegleitung Weichen gestellt werden, wie der weitere Lernprozess verlaufen wird, und ob es zu einem Abbruch der Krisenverarbeitung mit der Tendenz zur Nichtannahme sowie sozialer Isolation kommen kann.[113] Eltern berichten von ihrer Isolation:

> *„Es ist gar nicht so leicht sich helfen zu lassen. Auch dass muss man erst lernen, wenn man immerzu darauf gedrillt wurde, alles selber zu machen, keine Schwächen zu zeigen. Ich konnte mit niemanden über meine Verzweiflung reden. Ich hatte mich abgekapselt und machte nach außen den Eindruck: Ich bin stark und schaffe das schon. Tatsächlich war ich sehr verletzlich."*[114]

Die Erkennungs- und Einleitungsphase ist somit prägend für den gesamten Prozessverlauf.

113 Vgl. Schuchardt, Erika. Warum gerade ich...? Leben lernen in Krisen, a.a.O., S. 39.

114 Beuys, Barbara, a.a.O., S. 50.

## Spiralphase 2: Gewissheit

Die Spiralphase Gewissheit entspricht der Ausdrucksebene: „Ja, aber das kann doch nicht sein...?". „Ja, aber...", das klingt wie eine verneinende Bejahung, in der weiterhin Anteile der Verleugnung enthalten sind. Obwohl der Betroffene seine Krise erkannt hat, muss er sie hin und wieder leugnen, um überhaupt weiterleben zu können.

Diese Ambivalenz zwischen verstandesmäßigem Ja und gefühlsmäßigem Nein ist das Bestimmungsmerkmal dieser Spiralphase. Der Betroffene ist bereit, die Wahrheit verstandesmäßig zu erfassen, aber emotional hofft er auf Anzeichen, die diese Wahrheit widerlegen und hofft, dass sich alles als Irrtum herausstellt. Diese Ambivalenz schiebt sich je nach Bedarf wie ein Puffer zwischen den Betroffenen und sein Erschrecken über die Diagnose „geistig behindertes Kind". Er gewinnt dadurch einen Freiraum, in dem er sich wieder fangen kann, um seinen weiteren Weg fortsetzen zu können.

Bei der Übermittlung der Wahrheit, z. B. der Diagnose der geistigen Behinderung kommt es nicht nur auf die objektiv richtige Sachinformation an, sondern auf die Art der Übermittlung sowie das Beziehungsgeflecht zwischen Nichtbetroffenen (z. B. Arzt oder andere Fachkraft) und Betroffenen (in diesem Fall die Eltern). Die Übermittlung von Nachrichten ist ein komplexes Problem der Kommunikation zwischen Sender und Empfänger, also eine Frage des Mediums, nach dem Beziehungsgeflecht, der Verbundenheit zwischen Betroffenen und Nichtbetroffenen.

Der Nichtbetroffene muss hierbei einerseits in der Lage sein, seine eigenen Grenzen der Belastbarkeit zu erkennen. Er sollte u.a. durch eigene Leugnungs- und Verdrängungsmechanismen und mangelnde innere Stabilität dem Betroffenen nicht bei der Krisenverarbeitung im Wege stehen. Andererseits sollte er sich die Frage stellen, inwieweit der Betroffene in der Lage ist, emotional die Wahrheit auszuhalten bzw. inwieweit er seine Gefühle durch Abwehrmechanismen unterdrückt. Insofern spielt die kommunikativ-therapeutische Kompetenz des Nichtbetroffenen eine wichtige Rolle für den Betroffenen.[115]

---

115 Vgl. Schuchardt, Erika. Warum gerade ich...? Leben lernen in Krisen, a.a.O., S. 39-41.

Eine Mutter, bei deren Kind der Verdacht auf Trisomie 21 besteht, schreibt über die Art der Diagnoseübermittlung. Der Arzt informiert die Mutter folgendermaßen:

> *„‚Mit hundertprozentiger Gewissheit kann ich es Ihnen bestätigen,“ wiederholte er. „Alle äußeren Merkmale, abgesehen von der Vierfingerfurche, sind vorhanden. Das Kind hat die typische Schädelform, die tief angesetzten Ohren, den Epikanthus. Das ist die typische Hautfalte am inneren Rand des oberen Augenlids. Auch der Specknacken, den man bei mongoloiden Kindern häufig findet, und die stumpfen, kurzen Finger an den quadratischen Händen sind vorhanden.‘“*

Die Mutter schreibt:

> *„Ich begriff nichts, war wortlos, sprachlos verstummt. Welch ein Ungeheuer hatte ich geboren! Ein Ungeheuer mit Specknacken und Quadrathänden. Sprach er überhaupt von meinem Kind? So sah mein Kind nicht aus! All das hatte ich bisher an ihm nicht entdeckt. Ich saß unbeweglich und schaute zu, wie der Mann seine Unterlagen sortierte.“*[116]

**Spiralphase 3: Aggression**

Auf die primär „rational“ und „fremdgesteuerten“ Spiralphasen der Ungewissheit und der noch ambivalenten Gewissheit folgen die „emotionalen“ und „ungesteuerten“ Spiralphasen der Gefühlsausbrüche.[117] Eine Mutter schreibt:

> *„...warum ausgerechnet ich? Wütend schleuderte ich mein Kopfkissen an die Wand, nein, das hat alles keinen Sinn, wofür und von wem werde ich bestraft?“*[118]

In diesem Durchgangs-Stadium der Krisenverarbeitung sickert die im Verstand erfasste Nachricht der Diagnose der geistigen Behinderung (Kopferkenntnis) ganz allmählich in das tiefere Bewusstsein der gefühlsmäßigen Erfahrung. Die Kopferkenntnis wird so zu einer Erfah-

---

116 Lebéus, Angelika-martina, a.a.O., S. 42-43.

117 Vgl. Schuchardt, Erika. Warum gerade ich...? Leben lernen in Krisen, a.a.O., S. 41.

118 Dreyer, Petra, a.a.O., S. 45.

rung des Herzens. Die Qual dieses Bewusstseins, dieses Fühlens überwältigt den Betroffenen in Form von starken Gefühlsstürmen. Der Betroffene schreit verletzt und erschüttert: „Warum gerade ich...?“.[119] Eine Mutter berichtet über ihre Situation:

> *„Rings um mich schliefen viele glückliche Frauen, die sich den Tag über damit beschäftigten, ihre Neugeborenen zärtlich zu hätscheln und die vom Großvater geerbten abstehenden Ohren zu beklagen. WARUM? Warum gerade ich?“*[120]

Der Betroffene glaubt an der Qual seiner Gefühle zu ersticken. Ihm selbst unbewusst, sucht er nach Ventilen, an denen er den Überdruck der Gefühle ablassen kann, um dadurch wieder handlungsfähig zu werden. Im für den Betroffenen günstigeren Fall lässt er seine Gefühle herausbrechen und richtet seine vulkanartigen Aggressionen gegen die Umwelt, gegen alles was ihm begegnet (z. B. Familie, Freunde, Arbeitskollegen), da der eigentliche Krisenauslöser (die geistige Behinderung) nicht fassbar, angreifbar ist.

Da diese Aggressionen sich ohne sichtbaren Anlass gegenüber Außenstehende zeigen, kann hier ein Teufelskreis für den Betroffenen beginnen, der für ihn in der sozialen Isolation enden kann. Bekommt der Betroffene aufgrund seiner Aggressionen persönliche Abwehr als Rückmeldung, so sieht der Betroffene diese Reaktion der Umwelt (die seine Aggressionen falsch versteht und nicht nachvollziehen kann) als endgültigen Beweis, im Stich gelassen und isoliert zu sein. Insofern ist hier eine angemessene Begleitung äußerst wichtig.

Der Betroffene befindet sich in einer bedrohlichen Situation: entweder er erstickt an der Aggression als passive oder aktive Selbstvernichtung, oder er erliegt durch feindliche Äußerungen der Umwelt dem Sog der Isolierung, oder er verfällt aufgrund starker internalisierter Kontrollen in eine apathische Resignation.

---

119 Vgl. Schuchardt, Erika. Warum gerade ich...? Leben lernen in Krisen, a.a.O., S. 41.

120 Lebéus, Angelika-martina, a.a.O., S. 29.

## Spiralphase 4: Verhandlung

Die durch die Aggression freigesetzten emotionalen Kräfte machen den Betroffenen wieder handlungsfähig und drängen zur Tat. Der Betroffene versucht aus seiner Ohnmacht angesichts der ausweglosen Situation herauszukommen. Es wird gefeilscht und gehandelt. Alle erdenklichen Maßnahmen, auch „Abschaffungsversuche“ genannt, werden wahllos eingesetzt.

Abhängig von der jeweiligen wirtschaftlichen Lage und der Wertorientierung des Betroffenen lassen sich zwei Richtungen erkennen, die sowohl allein als auch parallel eingeschlagen werden können:

Einerseits die Nutzung des „Ärzte-Warenhauses“, andererseits die Suche nach „Wunder-Wegen“. Im „Ärzte-Warenhaus“ werden wahllos die verschiedensten Ärzte aufgesucht. Reisen zu ausländischen Kapazitäten sowie die Nutzung von Heilpraktikern können hierzu zählen. Zu den beschrittenen „Wunder-Wegen“ können z. B. Wallfahrten nach Lourdes, Messen, Handauflegen im Gottesdienst, die Ablegung von Gelübden, die Verschreibung des gesamten Besitzes an die Kirche oder an humanitäre Einrichtungen, das Gelöbnis des Klostereintritts oder eine totale Umkehr des Lebens gehören.[121]

Eine Mutter greift zur folgender „Beschwörungsformel“[122]:

> *„Lieber Gott - unbemerkt haben sich meine Hände gefaltet -, murmle ich vor mich hin, lieber Gott, wenn es dich gibt, dann las ein Wunder geschehen, wenn Jens gesund wird, dann werde ich wieder an dich glauben.“*[123]

Dies alles geschieht auf der Ausdrucksebene: „Wenn, dann muss aber...“. Diese ungesteuerte emotionale Spiralphase der Verhandlung ist als ein letztes Sichaufbäumen des Betroffenen zu verstehen.

Am Ende dieser Spiralphase können diese Wege den Betroffenen in den finanziellen, wie geistigen Ausverkauf führen, verbunden mit dem materiellen sowie seelischen Bankrott. Diese Gefahr besteht, wenn Be-

---

121 Vgl. Schuchardt, Erika. Warum gerade ich...? Leben lernen in Krisen, a.a.O., S. 42-43.

122 Dreyer, Petra, a.a.O., S. 45.

123 Ebenda, S. 45.

troffene diesen Weg allein gehen müssen und nicht gelernt haben, ihre eigenen Reaktionen zu verstehen und daher auch damit umzugehen wissen. Große Enttäuschungen können vermieden werden, wenn Eltern rechtzeitig eine angemessene Krisenbegleitung erfahren.

**Spiralphase 5: Depression**

Irgendwann kommt der Zeitpunkt, an dem alle „Wunder-Wege" oder/ und das „Ärzte-Warenhaus" gescheitert sind. So kann z.B. die Mutter eines Kindes mit Trisomie 21 dessen Verhalten und Gesichtsausdruck nicht mehr übergehen.

Die vorangegangenen nach außen gerichteten Emotionen sind verausgabt und haben einem nach innen gerichteten Verstummen Platz gemacht. Die Betroffenen erleben ihr Scheitern in den vorangegangenen Spiralphasen als Versagen, sie verzweifeln, sehen keinen Ausweg mehr aus der Krise, resignieren. Die Resignation drückt die Ausdrucksebene: „Wozu...alles ist sinnlos...?" aus. Die Betroffenen befinden sich in der Spiralphase der Depression.[124] Eine Mutter schreibt über ihre Situation:

> *„Haben medizinische und therapeutische Hilfe denn irgendeinen Sinn außer dem, dieses Leiden zu verlängern und zu manifestieren? Statt sich zu bessern verschlechtert sich Jens Zustand von Tag zu Tag, wird das Kind unbeweglicher und teilnahmsloser. Wäre es nicht doch besser gewesen, Jens wäre gleich gestorben? Warum um alles auf der Welt hat man ihn für so ein Dasein zurechtgeflickt? Weiter kullern die Tränen und bilden einen dicken Vorhang, hinter dem Jens verschwindet."*[125]

Doch Trauer und Tränen sind noch Sprache, sind Zeichen von Erleben, Verletztsein und passivem Widerstand. Jetzt können die Betroffenen nicht nur rational, sondern auch emotional erfassen, was nicht mehr da ist. Es wird bewusst verlassen.

Zum einen trauern sie um das schon Aufgegebene („rezipierende Trauer") wie z.B. ein Kind zu haben, das nicht geistig behindert ist, zum anderen beginnt die „antizipierende Trauer" über das, was vermutlich zukünftig aufgegeben werden muss, wie z.B. der Arbeitsplatz, die so-

---

124 Vgl. Schuchard, Erika. Warum gerade ich...? Leben lernen in Krisen, a.a.O., S. 43-44

125 Dreyer, Petra, a.a.O., S. 33.

ziale Stellung, das Schwinden des Wertes als Mann oder Frau, entgleitende Freunde, das zerstörte Lebensziel.

Beide Arten der Depression, aufgrund des Rezipierens von Verlusterfahrungen und des Antizipierens künftiger Lebensminderung, ist gemeinsam das Los-lassen irrealer Hoffnungen, ein endgültiges Abschiednehmen von Utopien. Diese Trauerarbeit dient der Vorbereitung auf die mögliche Annahme des Schicksals. Sie enthält die Wendung zur Umkehr, zur nach innen gerichteten Einkehr und zur Begegnung mit sich selbst, des Sich-selbst-Finden in der neuen Lebenssituation (hier: mit einem geistig behinderten Kind zu leben).

**Spiralphase 6: Annahme**

Charakteristisch für diese Spiralphase ist die bewusste Erfahrung einer Grenzsituation: Der Kampf gegen alles, was im rationalen und emotionalen Bereich existiert, hat die Widerstandskraft erschöpft. Der Betroffene hat seinen Verstand alle Möglichkeiten zu Ende ausdenken lassen, der Verlust über Gegenwärtiges und Zukünftiges ist ausgetrauert. Nun ist er am Ende angekommen, ist verausgabt, fühlt sich leer, fast willenlos.

An dieser Grenze kann sich der Betroffene neuen Einsichten öffnen. Im Bei-sich-selbst-Sein, wie im Von-sich-selbst-los-Sein wächst „es“ aus ihm. Er wird offen und wieder frei. Dem Betroffenen fällt auf, dass er noch da ist, dass er nicht allein ist, dass er sich seiner Sinne bedienen kann. Er ist beschämt, dass er sein Denken und Fühlen, sein vollgültiges Menschsein vergaß. Auf der Ausdrucksebene beinhaltet dies: „Ich erkenne jetzt erst...!“. Ich bin, ich kann, ich will, ich nehme mich an, ich lebe jetzt mit meiner individuellen Eigenart, wie z. B. ich nehme mich an als Mutter eines Kindes mit Trisomie 21. Ich lebe nicht mehr gegen, sondern mit der Krise. Ich bin ein Mensch wie jeder andere. Jeder muss lernen mit der Krise und seinen Grenzen zu leben, sein Leben erleben und erlernen.[126]

Ein Vater erinnert sich:

> *„Diese positive Einstellung zu unserem Kind war nicht immer vorhanden, denn als Anja geboren wurde und ich mit der Problema-*

---

126 Vgl. Schuchardt, Erika. Warum gerade ich...?. Leben lernen in Krisen, a.a.O., S. 44-45.

*tik, ein behindertes Kind zu haben, konfrontiert wurde, kam in mir der Gedanke auf, hoffentlich kommt sie nicht durch, damit ich keine Probleme habe. Heute weiß ich, dass ich durch unsere Tochter viele schöne Dinge erfahre, die ich ohne sie nie erleben würde."*[127]

Bei dem Leser darf aber keineswegs der Eindruck entstehen, dass es sich hier um einen glücklichen Zustand handelt, den die Betroffenen bereitwillig bejahen. Annahme ist nicht zustimmende Bejahung. Kein Mensch kann bereitwillig harte Verluste bejahen, aber er kann lernen, in der Verarbeitung seiner Krise, das Unausweichliche anzunehmen, die Grenzen seines Bewusstseins zu erweitern.

**Spiralphase 7: Aktivität**

Der selbst gefasste Entschluss und die Fähigkeit, mit der Krise zu leben, setzt Kräfte frei, die vorher im Kampf gegen sie eingesetzt wurden. Diese frei gewordenen Kräfte drängen zum Handeln: „Ich tue das...!" ist der spontane Ausdruck für diese Wende.

Der Betroffene kann erkennen, dass es nicht entscheidend ist, was man hat, sondern was man aus dem, was man hat, gestaltet! Selbst-gesteuert unter vollem Einsatz seiner rationalen und emotionalen Kräfte, verändert er mit seinem Denken und Handeln die Realität. Der Betroffene hat sich selbst verändert, und als Folge dieses Lernprozesses gibt er Anstoß für „Systemveränderungen" innerhalb unserer Gesellschaft.

Änderung bedeutet hier die Möglichkeit des Andersseins, innerhalb der gesteckten Grenzen sich neu zu definieren, darin eigenständig zu handeln, alternative Handlungssperspektiven zu verwirklichen.

Es handelt sich hierbei nicht um eine idealistische Neuschaffung von Normen und Werten. Der Betroffene vollzieht demgegenüber direkt und indirekt eine Umschichtung, Umstrukturierung der Werte und Normen aufgrund seiner verarbeiteten Erfahrungen, nicht außerhalb, sondern inmitten des gültigen herrschenden Normen-Wert-Systems, d.h. die Norm-Wert-Ebenen bleiben die gleichen, aber durch den veränderten Blickwinkel des Betroffenen schichten sie sich neu (es sind jetzt z.B. andere Werte für ihn wichtig statt ein schickes Auto zu fah-

---

127 Rossol, Arnold. Kleine Erfolge. In: Kallenbach, Kurt (Hrsg.): Väter behinderter Kinder. Reinbek bei Hamburg: Rowolt Taschenbuch Verlag GmbH, 1994, S. 89.

ren und teure Kleider zu tragen, wobei diese Statussymbole in der Gesellschaft bleiben).[128] Ein Vater berichtet demnach:

> *„Der Abschied vom Leistungsanspruch und all dem, was unsere Gesellschaft als „wertvoll" ansieht, ist bitter. Genauso schwierig ist es, vom behinderten Kind zu erfahren, zu lernen, was sein Leben so lebens- und liebenswert macht, und warum Vatersein trotzdem Glücklichsein und Stolzsein heißen kann. Um den Anschluss an die veränderte Familiensituation nicht zu verlieren, hat sich für mich als besonders wichtig ergeben, vertraut zu sein mit*
>
> - *den Ereignissen des Tages - den medizinischen Untersuchungsergebnissen*
> - *der Therapie*
> - *dem Erfolg/Misserfolg bei vorgenommenen Zielen*
> - *dem Tagesablauf des Geschwisterkindes.*
>
> *Erst dann kann ich auch Freude an den kleinen Fortschritten unseres Sohnes empfinden bzw. sie überhaupt merken. Erst dann kann ich wahrnehmen, dass sich mit dem Eintritt Sebastians in unser Leben Wichtigkeiten verschoben haben, in eine - wie ich meine - positive Richtung."*[129]

## Spiralphase 8: Solidarität

Bei vielen Betroffenen erwächst irgendwann der Wunsch, selbst in der Gesellschaft verantwortlich zu handeln. Dies ist besonders dann der Fall, wenn die Betroffenen in den bereits beschriebenen Spiralphasen angemessene begleitende Hilfe im Sinne von Prozessbegleitung erleben konnten.

Die individuelle Eigenart, die geistige Behinderung rückt somit in den Hintergrund, das gesellschaftliche Handlungsfeld tritt in das Bewusstsein und fordert zu gemeinsamen Handeln heraus. „Wir handeln, wir ergreifen Initiative...!" ist der Ausdruck für die Spiralphase Solidarität. Sie ist Ausdruck für eine erfolgreiche Krisenverarbeitung und ei-

128 Vgl. Schuchardt, Erika. Warum gerade ich...? Leben lernen in Krisen, a.a.O., S. 45.

129 Wagner-Hirte, Rudolf. Vater sein - von innen und von außen. In: Kallenbach, Kurt (Hrsg.), a.a.O., S. 206-207.

ner angemessenen sozialen Integration. Diese letzte Spiralphase wird nur von wenigen Betroffenen erreicht.

Vergleicht man die Krisenverarbeitung von behinderten und von unheilbar kranken Menschen mit dem Ringen von Menschen in unabwendbaren Existenzkrisen, lässt sich ein gemeinsames Merkmal erkennen: Es gibt am Ende keine Lösung im Sinne von Erlöst-werden von der Last. Die einzige mögliche Lösung besteht darin, nicht mehr gegen das scheinbar Unannehmbare zu leben, sondern mit der individuellen Eigenart zu leben. Diese Aufgabe kann als Chance verstanden werden, individuell sowie solidarisch aktiv neue Lebensmöglichkeiten zu gestalten, und diese Gestaltung des Lebens kann als Sinn, ja als Glück verstanden werden.

Der Betroffene kann sich durch die aktive Teilnahme am Leben in der Gesellschaft „Selbst-Verwirklichen" durch sein „Anders-Sein", inmitten von unangemessenen Leistungsnormen vorangetrieben durch die Prämisse: Keiner ist ohne Geben und jeder ein Teil des Ganzen; das Ganze aber ist mehr als die Summe seiner Teile.[130] Ein Vater vertritt folgende Meinung:

> *„Die höchste Stufe des Krisenweges wird nicht von allen Eltern erreicht. Es ist die Stufe der Solidarität. Wer bis zu ihr vordringt, sieht vom eigenen Leid ab und erwirbt die Fähigkeit, in Gruppen auch für andere behinderte Menschen und ihre Familien verantwortlich zu handeln, beruflich oder ehrenamtlich."*[131]

Diese hier aufgeführten acht Spiralphasen des Lernprozesses der Krisenverarbeitung lassen sich in drei Stadien unterteilen:

- *„die primär kognitiv fremdgesteuerte Dimension der Spiralphasen Ungewissheit (1) und Gewissheit (2) kennzeichnet das EINGANGS-Stadium I;*
- *die primär emotional ungesteuerte Dimension der Spiralphasen Aggression (3), Verhandlung (4) und Depression (5) prägt das DURCHGANGS-Stadium II und*

130 Vgl. Schuchardt, Erika. Warum gerade ich...? Leben lernen in Krisen, a.a.O., S. 45-46.

131 Schäffner, Bernhard. Sabine und „der Papa". In: Kallenbach, Kurt (Hrsg.), a.a.O., S. 148.

- *die primär aktional selbstgesteuerte Dimension der Spiralphasen Annahme (6), Aktivität (7) und Solidarität (8) bestimmt das ZIEL-Stadium III.“*[132]

Hierbei lassen sich drei Arten von Prozessverläufen zur Krisenverarbeitung unterscheiden:

*„1. angemessene Krisenverarbeitung als lückenloser vollständiger Lernprozessverlauf: vom Betroffenen als soziale Integration erfahren,*

*2. unangemessene Krisenverarbeitung als lückenhafter unvollständiger Lernprozessverlauf: vom Betroffenen als soziale Isolation erlitten,*

*3. experimentierende Krisenverarbeitung als umwegirrender vollständiger Lernprozessverlauf: vom Betroffenen als soziale Integration erkämpft.“*[133]

Durch die Analyse der Biographien der Eltern von Kindern mit geistiger Behinderung musste festgestellt werden, dass fast ausnahmslos die Biographen ihren Lernprozess ohne Unterstützung auf sich gestellt erlebten. „So ist das erschütternde Ergebnis kein Zufall, dass zwei Drittel aller Biographen ihren Lernprozess vorzeitig abbrachen bzw. lebenslang in der sozialen Isolation verharren mussten, während nur knapp ein Drittel das Ziel, die soziale Integration, erreichte.“[134] Deshalb sind die Spiralphasen innerhalb einer „Pyramiden-Form“[135] anzutreffen. Dieses Ergebnis der Untersuchung zeigt die Notwendigkeit von Hilfen für eine angemessene Prozessbegleitung auf.

Innerhalb der Biographieanalyse konnten folgende Ergebnisse festgestellt werden:

> *1. Biographien unterschiedlicher Behinderungsarten beschreiben gleiche Lernprozess-Verläufe in der Krisenverarbeitung.*
>
> Das bedeutet: Der Lernprozess Krisenverarbeitung verläuft analog bei geistiger, Sinnes-, Körper- und seelischer Behinderung.
>
> *2. Innerhalb des Lernprozesses Krisenverarbeitung hat die Aggression als Katharsis Schlüsselfunktion.*

132 Schuchardt, Erika. Biographische Erfahrung und wissenschaftliche Theorie, a.a.O., S. 112.
133 Schuchardt, Erika. Biographische Erfahrung und wissenschaftliche Theorie, a.a.O., S.97.
134 Schuchardt, Erika. Warum gerade ich...? Leben lernen in Krisen, a.a.O., S. 35.
135 Vgl. Schuchardt, Erika. Vorwort. In: Lebéus, Angelika-martina, a.a.O., S. 13.

Das bedeutet: Fehlt die Spiralphase der Aggression im Lernprozess, zeigen sich Tendenzen zur Nicht-Annahme und sozialen Isolation bei den Betroffen. Demzufolge kann dann durch eine angemessene Krisenintervention den Betroffenen geholfen werden. Es müssen Aggressionen frei werden, um den Lernprozess der sozialen Integration zu erleben.

*3. Religiöser Glaube als Wertbestimmung kann Aggression ersetzen oder kompensieren.*

*4. Prozessbegleitung zeichnet sich als Bedingungsfaktor im Lernprozess Krisenverarbeitung ab.*

Das bedeutet: Bei fehlender oder unangemessener Prozessbegleitung tendiert der Lernprozess Krisenverarbeitung zwangsläufig zur sozialen Isolation. Durch angemessene Prozessbegleitung kann die soziale Integration präventiv und intervenierend angebahnt werden.[136]

Graphische Darstellung der Krisenverarbeitung als Lernprozess in acht Spiralphasen[137]:

136 Vgl. Schuchardt, Erika. Weiterbildung als Krisenverarbeitung. 5. Aufl. Bd. 2. Bad Heilbrunn/Obb.: Verlag Julius Klinkhardt, 1993, S. 235-236.

137 Vgl. Schuchardt, Erika. Warum gerade ich? Leben lernen in Krisen, a.a.O., S. 56.

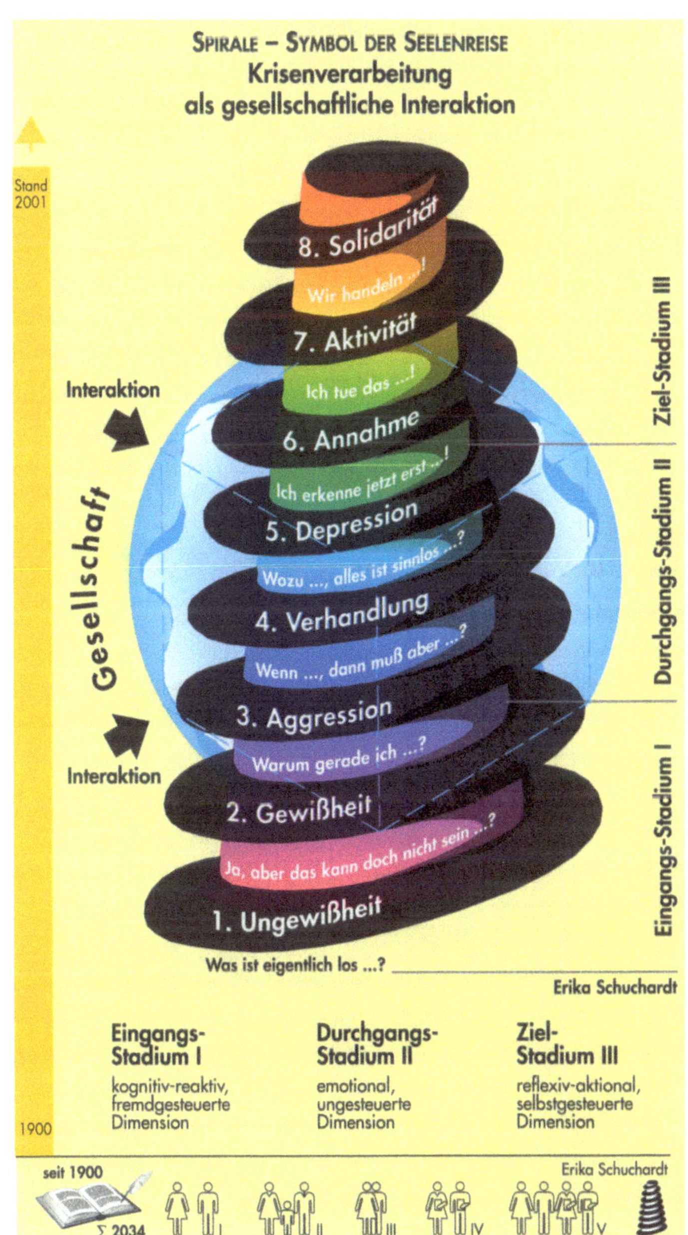
Spirale – Symbol der Seelenreise
Krisenverarbeitung
als gesellschaftliche Interaktion
Stand
2001
8. Solidarität
Wir handeln ...!
7. Aktivität
Ich tue das ...!
6. Annahme
Ich erkenne jetzt erst ...!
5. Depression
Wozu ..., alles ist sinnlos ...?
4. Verhandlung
Wenn ..., dann muß aber ...?
3. Aggression
Warum gerade ich ...?
2. Gewißheit
Ja, aber das kann doch nicht sein ...?
1. Ungewißheit
Was ist eigentlich los ...?
Interaktion
Gesellschaft
Interaktion
Ziel-Stadium III
Durchgangs-Stadium II
Eingangs-Stadium I
Erika Schuchardt
Eingangs-Stadium I
kognitiv-reaktiv, fremdgesteuerte Dimension
Durchgangs-Stadium II
emotional, ungesteuerte Dimension
Ziel-Stadium III
reflexiv-aktional, selbstgesteuerte Dimension
1900
seit 1900
Σ 2034
Erika Schuchardt
I
II
III
IV
V

Die Situation von Eltern mit einem Kleinkind, das geistig behindert ist, wurde bisher in den Gliederungspunkten „Die Konfrontation mit der geistigen Behinderung" und „der Lernprozess der Krisenverarbeitung" näher erläutert. Dabei wurde u.a. auf Anforderungen, Belastungen, Entwicklungschancen, Bedürfnisse der Eltern eingegangen.

Von der geistigen Behinderung des Kindes ist die gesamte Lebenssituation der Eltern betroffen. „Die Behinderung führt nicht nur zu einer innerseelischen Erschütterung bei den Eltern, sondern gefährdet auch das familiäre Gleichgewicht, belastet die Partnerschaft sowie die Beziehung zu den nichtbehinderten Geschwisterkindern und erschwert die außerfamiliären sozialen Beziehungen."[138] In den folgenden Gliederungspunkten wird auf Bereiche eingegangen, die eine weitere Analyse der Situation der Eltern zum Ziel haben. Der folgende Abschnitt betrachtet die Situation der Eltern aus verschiedenen Blickwinkeln heraus, wobei die ausgewählten Inhalte aufgrund der Komplexität der Materie als eine Annäherung an das Thema zu verstehen sind.

## 3.3 Die Familiensituation

### 3.3.1 Der Wandel der Familienstruktur

Die Familienstruktur des vorindustriellen Zeitalters war die Großfamilie. Charakteristisch für sie waren u.a. eine höhere Kinderzahl (Kinder waren als spätere Altersversorgung der Eltern gedacht, sie wurden auch als Arbeitskräfte eingesetzt) und das Leben mehrerer Generationen unter einem Dach (dazu zählten z. B. die Großeltern, Verwandte, im Haus arbeitende Personen).

Durch die Industrialisierung wandelte sich die Familienstruktur von der Großfamilie zur Kleinfamilie (auch Kernfamilie genannt). Sie besteht i.d.R. aus dem Ehepartnern und Kindern, wobei sich die Kinderzahl im Vergleich zur Großfamilie verringert hat. An die Familie werden neue Anforderungen gestellt. Es erfolgte u.a. eine Trennung von Lebensraum und Arbeitsort, die industrielle Berufswelt erfordert neue Fertigkeiten, die Schulpflicht wurde eingeführt, die Erziehung und Ausbildung der Kinder in unserer Gesellschaft nimmt einen hohen Stellenwert ein, die Anforderungen an die Förderung und der Erziehung der Kinder steigen.[139]

138 Hinze, Dieter. Väter und Mütter behinderter Kinder, a.a.O., S. 14-15.

139 Vgl. Petzold, Matthias. Paare werden Eltern. Bd. 2. München: Quintessenz Verlags-GmbH, 1991, S. 11-14.

An dieser Stelle sei auf die veränderte Rolle der Kinder hingewiesen. Sie treten innerhalb der Familie mehr in den emotionalen Mittelpunkt, ihnen wird mehr Selbständigkeit und Mitspracherechte zugestanden, gleichzeitig werden mehr Anforderungen an ihre Entwicklung und Kompetenzen gestellt.[140] „Für die Eltern bedeutet dies, dass sie sich hohen Anforderungen an die Förderung der Kinder, aber auch an eine verstärkte Berücksichtigung der kindlichen Bedürfnisse gegenübersehen."[141]

### 3.3.2 Eine Beschreibung des Begriffs „Familie"

An dieser Stelle sei darauf hingewiesen, dass eine Vielzahl von Definitionen des Begriffs „Familie" in der aktuellen Fachliteratur zu finden ist (wie z. B. in „Paare werden Eltern"[142], „Familienentwicklung in der Frühförderung"[143] oder im „Wörterbuch der Soziologie"[144]).

Dies beruht darauf, dass die Familie ein Forschungsgegenstand verschiedener Wissenschaften ist, wobei innerhalb dieser Wissenschaften der Familienbegriff aus unterschiedlichen Sichtweisen heraus beleuchtet wird. „Es lassen sich rechtliche, biologische, soziologische und psychologische Ansätze finden."[145]

Zur Verdeutlichung des Begriffs Familie werden nachfolgend exemplarisch einige Begriffsbeschreibungen -die teilweise auch in den verschiedenen Definitionen für den Begriff Familie relevant sind- genannt:

> *„In beinahe jeder Gesellschaft ist die Familie das erste Lebenszentrum für das Individuum. Sie ist gewöhnlich die wichtigste primäre Gruppe, in welcher das Individuum von Geburt an den Kontakt zu anderen Menschen aufbaut."*[146]

> *„In der Familie als kleine überschaubare Gruppe und wohlbedacht umsorgende Gemeinschaft können sich die grundlegenden Bedürf-*

140 Vgl. Engelbert, Angelika, a.a.O., S. 150.
141 Ebenda, S. 150.
142 Petzold, Matthias, a.a.O., S. 27.
143 Steinebach, Christoph, Familienentwicklung in der Frühförderung. Freiburg im Breisgau: Lambertus-Verlag, 1995, S. 43.
144 Endruweit, Günter/Trommsdorff, Gisela (Hrsg.). Wörterbuch der Soziologie. 2.Aufl. Stuttgart: Lucius & Lucius Verlagsgesellschaft, 2002, S. 148.
145 Steinebach, Christoph, a.a.O., S. 28.
146 Petzold, Matthias, a.a.O., S. 13.

*nisse des Kindes nach Zuwendung, Liebe, Geborgenheit und Vertrauen erfüllen."*[147]

*„Von der Mehrgenerationen- zur Eingenerationenfamilie, von der Produktions- zur Rekreationsgemeinschaft, von der Erziehung zur Beziehung: Familienformen und familiäre Aufgaben unterliegen historisch-gesellschaftlichem Wandel. Familiäre Formen zeichnen sich heute durch Vielfalt aus, der nur unterschiedliche fachliche Sichtweisen gerecht werden können. Aus psychologischer und soziologischer Sicht ist von einem Familienbegriff auszugehen, der die Intimität der sozialen Beziehungen in Familien und die gesellschaftlichen Aufgaben und Gratifikationen hervorhebt. Familien als intime Beziehungssysteme zeichnen sich durch hohe persönliche Involviertheit aus. Als soziales System gilt es, die für die einzelnen Personen, wie für die Familie, bestehenden Herausforderungen und Krisen zu meistern."*[148]

In diesem Buch gehe ich von der Struktur einer Kleinfamilie aus. Dabei gilt es zu betonen, dass die Struktur einer Kleinfamilie innerhalb der heutigen Gesellschaft von weiteren Formen des familiären Zusammenlebens zunehmend abgelöst wird, wie z.B. alleinerziehende Mütter oder Väter. Dieser Wandel der Familie resultiert u.a. „aus dem Rückgang der Eheschließungen, aus der Zunahme von Scheidungen, aus dem Rückgang der Geburtenzahlen und manifestiert sich z.B. in verhältnismäßig hohen Zahlen von Alleinerziehenden und vor allem einer rapiden Zunahme von Stieffamilienverhältnissen."[149] Noch um die Jahrhundertwende kamen in Familien durchschnittlich 4 Kinder zur Welt, heute sind es noch etwa 1,5 Kinder.[150]

Auf die speziellen Eigenarten möglicher Formen von familiärem Zusammenleben einzugehen, würde jedoch den Rahmen des Buches sprengen. An dieser Stelle werden dem interessierten Leser einige wei-

---

147 Dr. Arickal, Gorge. Der Karl Kübel Preis: Im Dienst des Kindes. In: Karl Kübel Stiftung (Hrsg.). Wenn Familien aktiv werden.... Lindenfels-Kolmbach: Druckerei Groer+Möhler GmbH, 1991, S. 8.

148 Steinebach, Christoph, a.a.O., S. 45.

149 Engelbert, Angelika, a.a.O., S. 149-150.

150 Vgl. Lempp, Reinhard/ Lempp, Franziska. Was bedeutet ein behindertes Kind für die Eltern und die Familie. Psychologische und psychotherapeutische Aspekte. In: Ermert, Johann August (Hrsg.). Akzeptanz von Behinderung. Frankfurt am Main: Peter Lang GmbH Europäischer Verlag der Wissenschaften, 1994, S. 31.

terführende Bücher aus der aktuellen Fachliteratur genannt. Mit der Situation von Stieffamilien befassen sich z. B. Bücher wie „Leben in Stieffamilien"[151], „Schwierigkeiten und Chancen von Stieffamilien"[152]. Zu dem Thema allein erziehende Mütter und Väter ist z. B. Literatur wie „Alleinerziehende Mütter und Väter erzählen"[153], „Handbuch Alleinerziehen"[154] erschienen.

### 3.3.3 Bedeutung des Zusammenhanges zwischen gesellschaftlichen Bedingungen und Familien mit geistig behinderten Kindern

Gesellschaftliche Veränderungen bedingen, dass z. B. das Ideal des „perfekten Kindes" (in unserer Gesellschaft gehört dazu z. B. ein erlernter Beruf des Kindes, der Ansehen genießt) und die hohen Anforderungen an die Kompetenzen der Kinder und ihrer Eltern zunehmen.

„Parallel zu dem Zuwachs an Anforderungen an die Familie nimmt aber die soziale Unterstützung in mancher Hinsicht ab."[155] Ursachen dafür können z. B. anonyme Wohnverhältnisse in Großstädten, geringere Sozialkontakte zur Verwandtschaft sein.

Gleichzeitig wird die Abweichungstoleranz, z. B. gegenüber geistig behinderten Kindern und ihren Eltern geringer, die diesen Forderungen nicht entsprechen können. Es wird an die Eltern u.a. die Anforderung gestellt, ihren Kindern alle erdenklichen Therapien zukommen zu lassen, wobei die Gefahr der Überforderung der Eltern sowie des Kindes besteht.

Zu einer emotionalen Überforderung der Eltern kann es kommen, wenn sie aufgrund der Eigenart ihres Kindes in ihren Erwartungen enttäuscht sind und infolgedessen dem Kind nicht die emotionale Zuwendung geben können, die sie sich erhofften. Die Folge davon können

---

151 Friedl, Ingrid/Maier-Aichen Regine. Leben in Stieffamilien. Weinheim, München: Juventa Verlag (Edition soziale Arbeit), 1991.

152 Schumann-Gliwitzki, Birgitta/Meier, Salwa. Schwierigkeiten und Chancen von Stieffamilien. Berlin: Edition Marhold im Wissenschaftsverlag Volker Spiess, 1990.

153 Gambla, Ursula/Will, Ursula/Zelazny, Katharina (Hrsg.). Alleinerziehende Mütter und Väter erzählen. Mainz: Matthias-Grünewald-Verlag (Edition Psychologie und Pädagogik), 1989.

154 Häsing, Helga/ Gutschmidt, Gunhild. Handbuch Alleinerziehen. Reinbek bei Hamburg: Rowohlt Taschenbuch Verlag GmbH, 1992.

155 Petzold, Matthias, a.a.O., S. 16.

Ohnmachts- und Versagensängste, Schuldgefühle sein, die u.a. dazu führen können, dass sich das Familienleben nur noch auf die Bedürfnisse des Kindes mit geistiger Behinderung orientiert.[156]

Dabei gilt es zu bedenken, dass in Familien mit einem Kind, das geistig behindert ist, „nicht nur die Erziehung eines behinderten Kindes zu bewältigen ist, sondern dass ebenso die ganz „normalen", für alle anderen Familien auch anstehenden Aufgaben der Erziehung und Pflege weiterer Kinder, der Haushaltsführung und -organisation, der Ressourcenbeschaffung und nicht zuletzt der Stabilisierung der Erwachsenenpersönlichkeit auf Dauer erledigt werden müssen."[157]

Diese Belastungssituation kann Familien an die Grenze ihrer Leistungsfähigkeit bringen. Die „Frage wäre hier also, ob die Behinderung eines Kindes z. B. zu Lasten der Ehe, der Geschwister oder auch der Haushaltserledigung oder der Erwerbstätigkeit der Eltern geht."[158] Eine Mutter berichtet über die Fortschritte in der Therapie und Frühförderung, mit der sie die Behinderung ihres Kindes mit viel Einsatz und Geduld therapieren wollte:

> *„Zwei Jahre habe ich gebraucht, um zu erkennen, dass der winzige Fortschritt in keiner Relation zu den Nachteilen für die ganze Familie stand. Ich habe alle anderen vernachlässigt und rundum ein schlechtes Gewissen gehabt."*[159]

Es müssen daraus folgernd Hilfen für das Kind mit geistiger Behinderung und den Rest der Familie zur Verfügung stehen. „Denn wenn es, wie bekannt, schon anstrengend sein kann, nichtbehinderte Kinder zu versorgen und zu erziehen, so fordert es alle Kräfte, ein behindertes Kind großzuziehen."[160]

Heinz Mühl schreibt in Hinblick auf die Zusammenarbeit mit Familien: „Man sollte sich auch hüten, die Situation aller Familien zu sehr zu dramatisieren; es gibt Familien, die mit der Aufgabe, ein behindertes Kind großzuziehen, realistisch umgehen können."[161] Dennoch ist grundle-

156 Vgl. Engelbert, Angelika, a.a.O., S. 150-151.
157 Ebenda, S. 139.
158 Ebenda, S. 144.
159 Beuys, Barbara, a.a.O., S. 57.
160 Wendeler, Jürgen. Geistige Behinderung: Pädagogische und psychologische Aufgaben, a.a.O., S. 29.
161 Mühl, Heinz, a.a.O., S. 36.

gend, dass für Familien, die zusätzlichen psychischen und physischen Belastungen ausgesetzt sind, genügend weiterhelfende Kontaktadressen zur Verfügung stehen, sowie geeignete Hilfen in erreichbarer Nähe vorhanden sind.

Es gilt festzuhalten: „Familien, als privat gestaltete und (zumindest dem Anspruch nach) auf Dauer angelegte Lebensgemeinschaften zwischen Eltern und Kindern, erfüllen für die Gesellschaft unverzichtbare Aufgaben."[162] Sie sind u.a. zuständig für die Sozialisation der Kinder. Da der Erlebnisbereich von Kindern mit geistiger Behinderung eingeschränkt ist, sind auch ihre Beziehungs- und Sozialisierungsprozesse begrenzt. Der Einstellung und dem Verhalten der Eltern zu ihrem Kind kommt deshalb ein besonderes Gewicht zu. Hierbei gilt zu bedenken, dass die Einstellung und das Verhalten der Eltern zu ihrem Kind von den auf sie einwirkenden Umwelteinstellungen mitgeprägt ist. Infolgedessen spielt auch das soziale Umfeld in der Sozialisation von Kindern mit geistiger Behinderung eine wichtige Rolle.[163]

### 3.3.4 Die ökonomische Situation der Familie

Familien mit einem Kind, das geistig behindert ist, müssen u.a. mit erhöhten finanziellen Belastungen zurecht kommen. „Diskrepanzen zwischen Bedarf und faktischer Ressourcenlage finden wir hinsichtlich der ökonomischen Situation von Familien. Sie haben ein deutlich geringeres durchschnittliches Pro-Kopf-Einkommen als vergleichbare andere Familien."[164]

Dieser Punkt wird an dieser Stelle kurz aufgegriffen, weil das Fehlen von finanziellen Mitteln erhebliche Auswirkungen auf verschiedene Bereiche der Familie haben kann. Z. B. kann dadurch eine optimale Förderung des Kindes mit geistiger Behinderung nicht gewährleistet sein, ein für das psychische Wohl aller Familienmitglieder nötiger Urlaub nicht stattfinden; es fehlen Hilfsmittel zur physischen Entlastung der Pflegepersonen.

---

162 Engelbert, Angelika, a.a.O., S. 144.

163 Vgl. Rache, Heinz. Zur sozialen Situation des geistig behinderten Kindes. In: Eggert, Dietrich/Schomburg, Eberhard/Altemöller, Rolf (Hrsg.). Familie, Umwelt und Persönlichkeit geistig Behinderter. Bd. 19. Bern: Verlag Hans Huber, 1980, S. 49.

164 Engelbert, Angelika, a.a.O., S. 148.

Kinder mit geistiger Behinderung benötigen eine intensive Pflege und Betreuung. Dies kann sich auf die Berufstätigkeit der Eltern auswirken, indem ein Elternteil (meist die Mutter) oft nur halbtags- oder stundenweise berufstätig sein kann oder ganz seinen Beruf aufgibt.

Auch kann es passieren, dass Männer den Vorrang bei der Arbeitssuche erhalten. So kann es dazu kommen, dass Mütter behinderter Kinder eine Rückkehr in die Arbeitswelt als Wunschtraum sehen:

> *„Berufstätigkeit? Das sind Wunschträume. Ich wäre es gerne, aber ich bin schon viel zu lange raus. Außerdem ist mein Kind oft krank, und das kann ich keinem Arbeitgeber zumuten."*[165]

Durch die Inanspruchnahme von Hilfen für das Kind mit geistiger Behinderung können sich zusätzliche finanzielle Belastungen für die Eltern ergeben. Komplexe und komplizierte Strukturen der Leistungsträger (z. B. Krankenversicherung oder Sozialamt) können u.a. dazu führen, „dass potentielle Leistungsempfänger die ihnen zustehenden Leistungen nicht in Anspruch nehmen, weil Zuständigkeitsprobleme auftreten, Informationsdefizite bestehen oder entsprechende Aktivitäten (z. B. Antragstellung) nicht oder nicht erfolgreich stattfinden."[166]

Neben den Versorgungsproblemen können Wohnungsprobleme entstehen. Dies kann z. B. der Fall sein, wenn aufgrund fehlender örtlicher Förderungsmöglichkeiten für das behinderte Kind ein Umzug angebracht ist. Dadurch können sich zusätzliche Kosten anbahnen.

### 3.3.5 Die Frage der Heimunterbringung

Auf die Frage einer Heimunterbringung wird in diesem Buch nicht näher eingegangen, da dies nicht der hier vertretenen Intention entspricht, auf die Situation von Eltern mit einem Kleinkind, das geistig behindert ist, einzugehen.

„Die grundlegende Bedeutung der Familie und die zentrale Rolle der Eltern bei der Erziehung und Sozialisation des Kindes werden in jüngerer Zeit wieder nachdrücklich betont und unterstrichen."[167] Es ist wichtig,

---

165 Beuys, Barbara, a.a.O., S. 71.

166 Engelbert, Angelika, a.a.O., S. 152.

167 Schubert, Maria Theresia. System Familie und geistige Behinderung. Wien, New York: Springer-Verlag, 1987, S. 3.

„dass Kinder mit einer geistigen Behinderung ebenso wie nicht-behinderte Kinder in ihrer Familie aufwachsen sollten. Empirische Untersuchungen, die, kaum überraschend, nachgewiesen haben, dass die Unterbringung in einem Heim oder einer Anstalt der Entwicklung abträglich ist (z. B. CENTERWALL & CENTERWALL, 1960), haben diese Forderung unterstrichen."[168]

Für ein Kind mit geistiger Behinderung ist es wichtig, in einer Familie aufzuwachsen. Infolgedessen kann es u.a. bessere Voraussetzungen für seine Entwicklung und seiner Integration haben (es bekommt z. B. feste Bezugspersonen, die in einem Heim aufgrund von Personalwechsel nicht gewährleistet sind).

Die Frage der Heimunterbringung sollte nur in den Vordergrund treten, wenn u.a. familiäre Hilfen nicht mehr weiterhelfen können und sich daraus Nachteile ergeben, die das geistig behinderte Kind sowie den Rest der Familie in eine für die Betroffenen unzumutbare Situation bringen (z. B. eine Verwahrlosung oder Misshandlung des Kindes durch die Eltern), oder die Eltern aufgrund ihres Gesundheitszustandes nicht mehr in der Lage sind, für das Kind zu sorgen.

## 3.4 Die Elternbeziehung

### 3.4.1 Entwicklungen in der Elternbeziehung

Der „Übergang zur Elternschaft" beinhaltet für alle Eltern eine Zeit der Veränderung. Wichtige Aspekte sind dabei:

- *dass sich die Partnerbeziehung zu einem neu entstehenden System entwickelt, das neue Anforderungen an die Beziehung der Eltern stellt*
- *durch das erstmalige „Elternwerden" werden biologische, psychologische und soziale Veränderungen bewirkt, die Anpassungsleistungen erfordern*
- *dies beinhaltet eine beschleunigte Entwicklung, die Anlass dafür war, den Begriff „Krise" in wissenschaftlichen Ansätzen hierfür zu verwenden*

168 Wendeler, Jürgen: Geistige Behinderung: Normalisierung und soziale Abhängigkeit. Heidelberg: Heidelberger Verlagsanstalt und Druckerei GmbH - Edition Schindele, 1992, S. 20.

- *der Terminus „Übergang" verweist auf den Prozesscharakter und die zeitliche Ausdehnung der Veränderungen*[169]

Durch diese Aspekte, die für den „Übergang zur Elternschaft" u.a. relevant sind, wird deutlich, dass die Geburt eines Kindes für alle Eltern eine Zeit der Veränderung und Entwicklung darstellt. Im Laufe der Anpassungsprozesse werden Anforderungen an die Beziehung zwischen Mann und Frau gestellt. Dies gilt im besonderen Maße für Eltern, die mit einem Kind, das geistig behindert ist, konfrontiert werden. In diesem Gliederungspunkt werden Schwierigkeiten, die in der Partnerschaft auftreten können, dargestellt.

Aufgrund der Konfrontation mit der geistigen Behinderung ihres Kindes sowie des darauf folgenden Verarbeitungs- und Bewältigungsprozesses der Eltern können Beziehungsprobleme zwischen den Eltern auftreten oder ihre Partnerschaft gefestigt werden. Die „Behinderung eines Kindes ist nicht die Last schlechthin. Es gibt viele Belastungen einer Ehe, z. B. aus entwicklungsbedingten, charakterlichen, beruflichen oder finanziellen Gründen."[170] Diese Probleme können zum „Prüfstein einer ehelichen Gemeinschaft"[171] werden.

Es ist sinnvoll, für die Klärung von Partnerschaftskonflikten zu erwägen, ob eine negative Entwicklung in der Ehe vor der Konfrontation mit der geistigen Behinderung des Kindes bestand. Die zusätzlich belastende Situation, Eltern eines behinderten Kindes zu sein, kann dann die Gefahr einer endgültigen Zerrüttung der Ehe bekräftigen.

### 3.4.2 Die Problematik der Identitätskrise und der Schuldzuweisungen

„Eltern eines behinderten Kindes zu sein ist anormal und generell unerwünscht. Ein behindertes Kind erfüllt die persönlichen Wünsche der Eltern nicht. Es entspricht nicht den Vorstellungen der sozialen Umgebung. Es steht den normativen Erwartungen der Gesellschaft entgegen."[172] Die Eltern als unmittelbare Bezugspersonen ihres Kindes mit geistiger Behinderung sind am stärksten von der Behinderung betroffen.

169 Vgl. Petzold, Matthias, a.a.O., S. 30-31.

170 Görres, Silvia. Leben mit einem behinderten Kind. München: R. Piper GmbH & Co. KG, 1987, S. 56.

171 Ebenda, S. 56.

172 Hinze, Dieter. Väter und Mütter behinderter Kinder, a.a.O., S. 13.

Die geistige Behinderung ist in ihren Augen ein „Makel, eine Stigmatisierung ihrer Person, eine seelische Wunde (Trauma)."[173] Sie fühlen sich verletzt, verwundet, gekränkt. Ihre Wunschvorstellungen wurden nicht erfüllt, und daraus folgernd quälen sich die Eltern häufig mit Selbstvorwürfen und/oder gegenseitigen Schuldzuweisungen.

Eine Mutter berichtet über ihre Tochter und sich:

> *„Das ist schon eine rechte Infragestellung, so ein Kind; sicher auch für den Partner. Ich identifizierte mich schon mit ihr und muss mich doch einiges fragen. Erstens ist es eine dauernde Auseinandersetzung mit der Umgebung...und du wirst andauernd in Frage gestellt: Was ist das für eine Mutter, die so ein Kind hat. Und schlussendlich frag' ich mich auch: wer bin ich eigentlich."*[174]

Lernen die Eltern nicht, ihr Kind mit der geistigen Behinderung anzunehmen, können sie ihre Gefühle nicht zulassen, dann treffen sie vernichtende Urteile aus ihrem sozialen Umfeld doppelt. Wer dieses „Doppelspiel"[175] nicht aushält, grenzt sich von dem Kind mit der Behinderung ab, kann ebenfalls Aggressionen gegen das Kind entwickeln, die nur schwer unter Kontrolle gehalten werden können. Es treten Schuldgefühle gegenüber dem Kind auf, die sich die Eltern oft nicht eingestehen können. Diese können seitens des Vaters auf die Mutter projiziert werden, und umgekehrt. So entstehen u.a. Konflikte zwischen den Partnern, die nur äußerlich nichts mit der Behinderung zu tun haben.[176] Männer können z. B. die Geburt eines Kindes mit geistiger Behinderung als Makel ihrer Potenz empfinden und ihre daraus folgenden Versagensgefühle auf die Ehefrau projizieren.[177]

Durch solch eine Identitätskrise kann es geschehen, dass sich die Ehepartner in ihre Selbstzweifel zurückziehen, oder es kann sich ein umso stärkerer Zusammenhalt entwickeln. Sicherlich sind hierfür u.a. ehrliche und offene Gespräche wichtig.

173 Klee, Ernst. Behindert. Frankfurt am Main: Fischer Taschenbuch Verlag GmbH, 1987, S. 35.
174 Ebenda, S. 35.
175 Beuys, Barbara, a.a.O., S. 78.
176 Vgl. Beuys, Barbara, a.a.O., S. 78.
177 Vgl. Klee, Ernst. Behinderten-Report. Frankfurt am Main: Fischer Taschenbuch Verlag GmbH, 1981, S. 144.

Ein weiteres Problem kann entstehen, wenn sich die Ehepartner gegenseitig Vorwürfe machen, wer für die geistige Behinderung des Kindes verantwortlich sei. An dieser Stelle kann es eine Hilfe sein, wenn die Eltern über die Ätiologie der geistigen Behinderung ihres Kindes informiert werden (vgl. Gliederungspunkt 2.5).

### 3.4.3 Bedeutung des Zusammenhanges zwischen der Überbeanspruchung der Frau durch das Kind mit geistiger Behinderung und der Abgrenzungstendenz der Väter

Eine Mutter berichtet aufgrund der psychischen Überbeanspruchung durch die Konfrontation mit der Behinderung ihres Kindes über die Ambivalenz ihrer Gefühlslage, wodurch u.a. auch sexuelle Probleme in ihrer Beziehung zu ihrem Mann entstehen, die für ihn verletzend sind, und dazu führen können, dass er sich emotional von seiner Frau wegbewegt:

> *„Müde und ausgelaugt versinke ich am Abend in den Polstern unserer Couch, möchte nichts mehr hören, sehen oder fühlen, einfach nur noch dasitzen, selbst wieder Baby sein und am Busen einer riesigen Mutter nuckelnd einschlafen. Aber ich bin kein Baby, und es gibt sie auch nicht, die riesige Mutter. Statt dessen einen Ehemann, der mit seinem Wunsch nach Nähe und Zärtlichkeit eine zusätzliche Belastung für mich ist. Ich kann ihn nur noch als jemanden, der auch noch etwas von mir will, erleben und seine Gegenwart kaum ertragen. Jede Berührung, jede Annäherung erschreckt mich, lässt mich kalt und abweisend werden. Ich verstehe mich selbst nicht mehr, wünsche doch seine Nähe, habe sie so dringend nötig und reagiere doch so seltsam, so verquer. Was ist los mit mir? Ich schäme mich, spüre seine Verletzung angesichts der Kälte, die von mir ausgeht und kann doch nichts daran ändern."*[178]

Konflikte können entstehen, wenn für die Mütter im besonderen Maße das Kind im Mittelpunkt steht und alle ihre Kräfte beansprucht.

„Auch wenn die praktische Beanspruchung durch das Kind im Laufe der Folgezeit nachließ, so waren nach wie vor Mütter häufiger in starkem Maße herausgefordert. In der Regel wurden die Förder- und Therapiemaßnahmen, zumindest bis zum Beginn des Sonderkindergartens fortgeführt, was vornehmlich in den Händen der Mütter lag."[179]

178 Dreyer, Petra, a.a.O., S. 34.
179 Hinze, Dieter. Väter und Mütter behinderter Kinder, a.a.O., S. 136.

Grundsätzlich kann dies u.a. dazu führen:

- dass der Partner sich vernachlässigt fühlt (es folgen Eifersucht und Vorwürfe, wie z. B. „ich bin wohl überhaupt nicht mehr da"),
- von der Betreuung des Kindes zu sehr ausgegrenzt wird oder
- aufgrund der Überbelastung seiner Frau (z. B. aufgrund des Zeitdrucks und des Fehlens von Erholungspausen) u.a. Aggressionen oder eine Abgrenzung ihrerseits ausgesetzt wird.

Es kann hierbei von einem Kreisprozess ausgegangen werden. Die in ihre Mutterrolle verstrickte Ehefrau beschäftigt und orientiert sich an ihrem Kind. Der Vater nimmt u.a. dadurch bedingt im Familiengeschehen eine Randposition ein. Ihm werden eine geringere Erziehungskompetenz und weniger Entscheidungen bezüglich der Familie zuteil. Somit orientiert er sich außerhalb der Familie (z. B. durch Hobbys oder seinen Beruf). Je stärker sich der Vater nach außen hin orientiert, um so mehr wird sich i.d.R. die Frau ihrer Mutterrolle zuwenden. Dadurch werden Uneinigkeiten in Erziehungsfragen, Konflikte und eine Entfremdung der Ehepartner begünstigt.[180] Eine Mutter berichtet über die mangelnde praktische Beteiligung ihres Ehemannes:

> *„Ich war die treibende Kraft. Ich war derjenige, der die Initiative ergriffen hat, der immer die Termine angefordert hat und zu den Untersuchungen gegangen ist. Mein Mann hat sich häufig fügen müssen, weil er von manchen Untersuchungen nichts hielt. Ich habe sie auf jeden Fall immer durchführen lassen."*[181]

Viele Väter meinen allerdings, dass sie sich Sorgen um ihre Ehefrauen machen; diese würden durch die Mehrarbeit überfordert. Demzufolge sehen sie sich veranlasst, sie aufzumuntern. Ein Vater berichtet demnach:

> *„Ich habe mich immer wieder bemüht, positiv auf meine Frau einzuwirken, wenn sie überlastet war."*[182]

Manche Männer finden es unerträglich, wenn sich zu Hause alles nur noch um das Kind mit der geistigen Behinderung dreht. „Der Part-

180 Vgl. Schubert, Maria Theresia, a.a.O., S. 94.
181 Hinze, Dieter. Väter und Mütter behinderter Kinder, a.a.O., S. 109.
182 Ebenda, S. 108.

ner hat es schwer, demgegenüber eigene berechtigte Wünsche auf Zeit und Zuwendung oder einen gemeinsamen Urlaub von der Familie durchzusetzen."[183] Dies kann zu einem „Schattendasein"[184] des Partners führen, wenn er nicht in der Lage ist, auch seine Interessen durchzusetzen.

„Die Mutter, die nur auf ihr Problemkind starrt, verliert ihre Anziehungskraft als Frau, bleibt unreif in einem rein instinkthaft-biologisch mütterlichen Verhalten stecken, sie versäumt die Chancen der Reifung in und durch eine Partnerbeziehung."[185] Auch kann die Beziehung dadurch gefährdet werden, dass sich Mütter hauptsächlich ihrem Kind mit der geistigen Behinderung widmen. Sie geben dadurch andere Interessen auf (z. B. gemeinsame Hobbys mit ihrem Mann). Diese Umorientierung der Frauen kann zur Folge haben, dass die Männer in einem zunehmenden Maße andere Interessen wahrnehmen, so dass die Differenz zwischen den Interessen und Bedürfnissen von Mann und Frau immer größer wird.[186]

Die von Vätern behauptete „Fixierung" ihrer Ehefrauen auf das Kind wurde von mehreren Vätern als partnerschaftsbelastend bezeichnet. Sie meinen, durch die Probleme mit der geistigen Behinderung ihres Kindes stark in ihrer Ehe beeinflusst zu sein.[187]

Aufgrund traditioneller Rollenaufteilungen sind Väter häufig berufstätig und die Mütter kümmern sich um den Haushalt sowie die Kinder. So kann es vorkommen, dass Väter ungewollt von der Betreuung ihres Kindes mit geistiger Behinderung ausgegrenzt werden. „Mehrere Väter brachten ihr Missbehagen darüber zum Ausdruck, zu wenig Gelegenheit gehabt zu haben, sich an den praktischen Maßnahmen zu beteiligen."[188] Ein Vater stellt seine Lage folgendermaßen dar:

> *„Eigentlich hätte ich auch gerne mehr getan. Durch meine Frau fühlte ich mich ein bisschen ins Abseits gedrängt. Die war so aktiv und tat so viel für den Jungen, und ich hatte so wenig Gelegenheit dazu."*[189]

---

183 Görres, Silvia, a.a.O., S. 59.
184 Ebenda, S. 59.
185 Ebenda, S. 59.
186 Vgl. Schmidt, Klaus-Jürgen G., a.a.O., S. 83.
187 Vgl. Hinze, Dieter. Väter und Mütter behinderter Kinder, a.a.O., S. 109.
188 Ebenda, S. 108.
189 Ebenda, S. 108.

„Alle Studien belegen eine stärkere Beanspruchung der Mütter und eine nur eingeschränkte Involviertheit der Väter in die Versorgung des behinderten Kindes."[190] Dies bedeutet u.a., dass die Mütter größere Kompetenzen im Umgang mit ihrem Kind entwickeln können und dadurch ein „Pflegemonopol" entwickeln. Die emotionale Involviertheit der Mütter kann u.a. zur Folge haben, dass sich die Väter als Ehepartner nicht angenommen fühlen, sich zurückziehen und es zu einer „schleichenden emotionalen Scheidung" kommen kann.[191]

Eine belastende Erfahrung von Müttern ist es, wenn sich ihr Ehepartner aufgrund der geistigen Behinderung des Kindes immer mehr aus der Familie zurückzieht. Eine Mutter legt ihre Situation dar:

> *„Mein Mann war sehr stolz auf unseren Sohn. Als sich herausstellte, dass er behindert war, hat er jedoch sofort die Schotten dicht gemacht und keine Gefühle mehr aufkommen lassen. Zwar hat er sich für mich entschieden. Aber unsere Beziehung stimmte nicht mehr. Er zog sich zurück, stürzte sich in die Arbeit. Ich hatte an ihm keine Stütze."*[192]

Der Rückzug des Mannes hat zur Folge, dass er nur noch wenig von seiner Familie mitbekommt. So grenzt er sich immer mehr ab. Die Frau kann diese Abwendung des Mannes als Verrat ansehen und sich noch tiefer hinter ihren Kummer vermauern und sich ihrerseits zurückziehen.[193]

Frauen sehen im Rückblick selbstkritisch, dass sie der Versuchung nahe waren, das Kind gegen den Mann, der mit der Situation nicht fertig wird, auszuspielen:

> *„Ich war ungerecht und habe meinen Mann mit dem Kind erpresst. Wenn wir Streit hatten, bin ich sofort zu dem Jungen gegangen, der ein dankbares Opfer war. Ich wollte meinem Mann wehtun, weil er so tat, als könnte ihn das alles nicht treffen."*[194]

Für Mütter hat die Unterstützung und Mithilfe bei der Betreuung des behinderten Kindes von ihren Ehemännern eine hohe Bedeutung. Sie

190 Engelbert, Angelika, a.a.O., S. 147.
191 Vgl. ebenda, S. 147.
192 Beuys, Barbara, a.a.O., S. 78.
193 Vgl. Görres, Silvia, a.a.O., S. 59.
194 Beuys, Barbara, a.a.O., S. 79.

bewerten sie als eine wichtige Hilfe für die eigene Verarbeitung der Behinderung.[195] Eine Mutter berichtet:

> *„Mein Mann engagiert sich voll und ganz bei F. Wenn er abends nach Hause kommt, übernimmt er ihn fast voll, kann man sagen, bis er ins Bett kommt. Und ich könnte mir das anders gar nicht mehr vorstellen. Ohne ihn würde ich gar nicht mehr gut klar kommen."*[196]

### 3.4.4 Der Wunsch nach weiteren Kindern

Eine weitere Problematik kann entstehen, wenn ein Elternteil sich weitere Kinder wünscht, der Partner aber nicht (z. B. aufgrund psychischer Belastungen).

Hier können Informationen über die Ätiologie der geistigen Behinderung helfen (vgl. Gliederungspunkt 2.5) sowie offene Gespräche zwischen den Partnern.

### 3.4.5 Barrieren der Hilflosigkeit und Sprachlosigkeit

„Die Nerven sind durch die dauernde Anspannung dünn geworden. Das Kind braucht viel Zeit, die den Partnern fehlt, um gemeinsam an ihren Schwierigkeiten mit dem Kind und miteinander zu arbeiten."[197] Ein grundsätzliches Problem kann dabei entstehen, wenn Eltern in ihrer belastenden Situation nicht aufeinander zugehen können, um offen über ihre Gedanken und Gefühle zu reden. „Es gibt Eheleute, die nachts grübelnd im Bett nebeneinander liegen und es nicht schaffen, die Barriere der Hilflosigkeit und Sprachlosigkeit zu überwinden."[198] Sie sind verzweifelt, und haben oft nicht gelernt auszudrücken, wie ihnen zumute ist. Eine Mutter berichtet:

> *„So reiht sich Missverständnis an Missverständnis. Stundenlang sitzen mein Mann und ich uns schweigend gegenüber, jeder für sich eingeschlossen in seinen Phantasien, Ängsten und Interpretationen über das Befinden des anderen. Was ist geblieben aus unserer Ehe? Wie Fremde schauen wir uns an, können uns nicht mehr verständigen. Nur der tägliche Streit bildet noch eine Brücke, auf der wir, da uns scheinbar nichts anderes mehr geblieben ist, nun or-*

195 Vgl. Hinze, Dieter. Väter und Mütter behinderter Kinder, a.a.O., S. 136.
196 Ebenda, S. 136.
197 Beuys, Barbara, a.a.O., S. 80.
198 Ebenda, S. 76.

*dentlich rumtrampeln. Ganze Nächte, in denen wir uns eigentlich ausruhen müssten, verbringen wir im Zorn gegeneinander, streiten bis zur Erschöpfung, wie es weitergehen kann und soll, ohne auch nur einen Schritt weiterzukommen."*[199]

„Es hat aber für eine Ehe schwerwiegende Folgen, wenn für einen oder gar für beide Partner das Maß der seelischen Leiden nicht mehr aus eigener Kraft zu bewältigen ist"[200], wenn die Partner versuchen, ihren inneren Konflikten auszuweichen, wenn sie sich ihrer Verzweiflung überlassen, die Partner sich dabei voneinander weg anstatt aufeinander zu bewegen.

Erfolgt bei den Eltern keine angemessene Krisenbegleitung, kann es sein, dass sie aggressive Verhaltensweisen zeigen, zum Alkohol greifen, psychosomatische Krankheiten entstehen (wie z. B. Schlafstörungen, Kreislaufleiden), sie sich und ihre Familie in das Korsett traditioneller Arbeitsteilung zwängen (indem der Mann z. B. von der Frau verlangt, dass sie aufgrund ihrer traditionellen Mutterrolle die Probleme alleine bewältigt und ihn nicht damit belastet)[201], sie der sozialen Isolation verfallen, etc.. Diese Verhaltensweisen der Eltern sind als Zeichen ihrer Hilflosigkeit und ihrer innerpsychischen Konflikte zu sehen.

Offene Gespräche zwischen den Ehepartnern sowie eine angemessene Krisenbegleitung (vgl. Gliederungspunkt 3.2.2) sind hier notwendig.

### 3.4.6 Positive Entwicklungen in der Elternbeziehung

Durch die geistige Behinderung ihres Kindes kann sich jedoch auch die Beziehung der Eheleute zueinander festigen. Durch die gemeinsame Bewältigung der schwierigen Situation der Krisenverarbeitung kann eine starke innere Verbundenheit entstehen und eine Stabilisierung der Beziehung erfahren werden. Aus der begonnenen Liebesbeziehung wird ein „Rücken-an-Rücken-Stehen im Bewusstsein gemeinsamer Verpflichtungen."[202] Motive, die bei Beginn der Ehe im Vordergrund standen, können durch neue Werte ergänzt, bzw. geändert werden, wie z. B. verstärkte gegenseitige Rücksichtnahme innerhalb der Familie.

199 Dreyer, Petra, a.a.O., S. 35.
200 Görres, Silvia, a.a.O., S. 58.
201 Vgl. Beuys, Barbara, a.a.O., S. 77.
202 Görres, Silvia, a.a.O., S. 61.

Ein Vater berichtet über die veränderte Beziehung zu seiner Frau:

> *„Die Behinderung hat mir viel gebracht für unsere Beziehung. Sie ist dadurch intensiver geworden. Wir haben uns viel über St. unterhalten und meine Frau hat mir auch viele Anregungen gegeben, wie ich zu ihm ein aktives Verhältnis bekommen könnte. Sie hat mir in erster Linie eine Bewusstseinsverstärkung gegeben."*[203]

Auch können Eltern u.a. durch eine angemessene Krisenbewältigung zu der Einsicht kommen, „dass sie ein gemeinsames Problem hätten, welches auch nur gemeinsam zu bewältigen sei."[204] Dabei betonten gerade die Ehemänner, dass durch die gemeinsame Problembewältigung die emotionale Beziehung zu ihrer Frau gestärkt worden sei.

Ein Vater berichtet über die Festigung seiner Partnerschaft:

> *„Ich habe immer wieder mit meiner Frau geredet, weil ich Angst hatte, was alles passieren könnte. Und meine Frau hat mich durch ihre Art aufgemuntert, weil sie trotz allem noch fröhlich und zuversichtlich war. Durch die Probleme ist unser Verhältnis noch besser geworden."*[205]

In Beziehungen, in denen gemeinsame Tränen geweint werden, die durch die Krisenverarbeitung gefestigt werden, können sich die Partner näher kommen, sich Halt und Unterstützung geben. Es können auch bisherige Lebensmuster geändert werden.

## 3.5 Die Rolle als Mutter

### 3.5.1 Bedeutung des Zusammenhanges zwischen dem Wandel der Frauenrolle und der Überbelastung als Mutter

„Vor allem die Rolle der Frauen hat nachhaltige und tief greifende Wandlungsprozesse durchlaufen."[206] Aufgrund des gängigen Rollenverständnisses von Frauen ist sie häufig Hausfrau und trägt zudem die Hauptverantwortung für Erziehung und Pflege des Kindes. Die geistige Behinderung des Kindes stellt besondere Anforderungen an die Frau (z.B. durch die psychischen Belastungen aufgrund des Verarbeitungs-

203 Hinze, Dieter. Väter und Mütter behinderter Kinder, a.a.O., S. 145.
204 Ebenda, S. 112.
205 Ebenda, S. 112.
206 Engelbert, Angelika, a.a.O., S. 150.

und Bewältigungsprozesses der geistigen Behinderung, dem erhöhten Pflegeaufwand des Kindes und durch die Durchführung bestimmter Therapieangebote).[207]

Die Rolle als Frau wird zudem deshalb schwierig, „weil die Kinderrolle immer höhere Anforderungen an Leistungsfähigkeit und Engagement der Eltern und vor allem der Mütter stellt“[208] (vgl. Gliederungspunkt 3.3). „Diese Frauen geraten durch die ausschließliche Konzentration der Bewältigungsaufgaben bei ihnen in einen für sie kaum tragbaren Rollenstress, der sie überfordert und der sie, aufgrund der geringen Möglichkeiten zu außerfamiliären Rollenbeziehungen, potentiell sozial isoliert.“[209]

Durch den Wandel der Rolle als Frau -hier fließen emanzipatorische Bewegungen ein- sind Frauen vermehrt berufstätig. „Immer mehr Frauen sind bestrebt, Familie und Beruf miteinander zu vereinbaren und die einseitige, zum Teil diskriminierende Fixierung auf ein Dasein als Hausfrau und Mutter aufzugeben.“[210] So kann aus der Doppelbelastung Hausfrau und Erzieherin sowie Pflegerin des Kindes, eine Dreifachbelastung entstehen.

Daraufhin entwickeln viele Mütter in Folge ihrer extremen Überbelastung, die es ihnen in keiner Hinsicht erlaubt, eigenen Bedürfnissen nachzugehen, starke Unzufriedenheit, die sich negativ auf die häusliche Atmosphäre auswirkt.

Aufgrund der Gefahr der extremen Überbelastung der Mütter von Kindern mit geistiger Behinderung ist es notwendig, ausreichende entlastende Hilfsangebote für Familien bereitzustellen, die eine Erleichterung schaffen (vgl. Gliederungspunkt 7).

### 3.5.2 Die Problematik der Aufopferung und das Streben nach Eigenständigkeit

Aufgrund ihrer Hauptverantwortlichkeit als Erzieherin und Pflegerin des Kindes, neigen gerade Frauen dazu, sich aufzuopfern. „Verwöh-

207 Vgl. Tietze-Fritz, Paula. Elternarbeit in der Frühförderung. Dortmund: borgmann publishing GmbH, 1993, S. 24-25.

208 Engelbert, Angelika, a.a.O., S. 150.

209 Nippert, Irmgard, a.a.O., S. 129.

210 Kallenbach, Kurt. Nachwort: Väter. In: Kallenbach, Kurt (Hrsg.), a.a.O., S. 210.

nung in ihrer extremsten Form kann als Aufopferung zum geheimen Machtmittel werden und ein behindertes Kind auch zum Vorwand, selber kein eigenes Leben zu wagen."[211]

Auch können psychische Konflikte seitens der Mutter zur Aufopferung für das Kind führen (z. B. wenn aufgrund der ausgelösten Krise durch die geistige Behinderung des Kindes bei der Mutter Todeswünsche gegenüber ihrem Kind gerade am Anfang der Krisenbewältigung relevant waren, die zu unbewussten Schuldgefühlen führen).

Eine Mutter berichtet selbstkritisch:

> *„Ich habe einen Hang zum Aufopfern. Aus Rücksicht auf die Behinderung habe ich meinem Sohn alles gewährt. Heute weiß ich, dass ich persönliche Bedürfnisse nicht aufgeben darf. Mein Mann hat das eher erkannt. Jetzt muss ich meinem sechsjährigen Sohn beibringen, dass seine Mutter nicht immer für ihn Zeit hat. Und ich muss es auch lernen. Aber man schafft es."*[212]

Von der Emanzipation der Frauen sind Mütter von Kindern mit geistiger Behinderung genauso betroffen wie alle Mütter. Die alten Frauenbilder geraten zunehmend ins Wanken, die Frauen vertreten ihre Bedürfnisse (z. B. berufstätig zu sein oder eigenen Hobbys außerhalb der Familie nachzugehen) und brechen demzufolge aus traditionellen Rollenbildern aus. „Sie haben erkannt, dass ihr totaler Verzicht die Familien nicht glücklicher macht, sondern unterschwellige Aggressionen und möglicherweise ihren eigenen physischen sowie psychischen Zusammenbruch fordert. Sie wagen es, „egoistisch" zu sein und der Umwelt nicht länger vorzuspielen, dass ihre Kräfte unbegrenzt seien."[213]

Gleichzeitig kann vermieden werden, dass durch eine Aufopferung der Mütter die Kinder zu sehr verwöhnt sind und so in ihrer Entwicklung negativ beeinflusst werden (z. B. wenn die Mutter zu wenig Lernanforderungen an das Kind stellt, hat es keine Motivation mehr, gemäß seiner Fähigkeiten von sich aus etwas zu lernen).

Eine Mutter berichtet über ihren Leidensdruck, der stark genug für sie war, sich ihre eigenen Bedürfnisse einzugestehen:

211 Beuys, Barbara, a.a.O., S. 68-69.
212 Ebenda, S. 69.
213 Ebenda, S. 70.

*„Ich war fix und fertig. Ich konnte nicht mehr lachen. Bis ich mir eines Tages sagte: Ich will mich nicht mehr den ganzen Tag nur um dieses Kind kümmern. Ich bin auch noch da. Bin ich denn verrückt? Alle wollen etwas von mir. Ich kann mir nirgendwo Kraft herholen."*[214]

Das Bedürfnis der Frauen, eigenen Interessen nachzugehen oder in das Berufsleben einzusteigen, kann den Frauen helfen, Abstand vom Alltag zu gewinnen, eigene Wege zu gehen, wobei der Einstieg in den Beruf auch finanzielle Vorteile mit sich bringt (vgl. Gliederungspunkt 3.3.4).

Damit die Frauen Gelegenheit haben, ihren eigenen Bedürfnissen nachzugehen, sind die Partner gefordert, sich im Haushalt sowie in der Betreuung der Kinder gemäß ihren eigenen Kräften zu beteiligen. Auch Verwandte und Freunde können helfen. Zudem sind hier öffentliche Hilfen gefragt, die den Frauen die Möglichkeit geben, mehr eigenen Lebensraum zu gewinnen.

### 3.5.3 Der Lernprozess der Krisenbewältigung bei Müttern

Der Prozess der Annahme einer geistigen Beeinträchtigung ihres Kindes kann für die Mutter dadurch unterstützt werden, dass sie als Mutter und der daraus resultierenden traditionellen Rolle als Hauptverantwortliche für die Kindererziehung mehr die Möglichkeiten hat, ihr Kind mit der geistigen Behinderung zu beobachten, sich mit der geistigen Behinderung auseinanderzusetzen, sich mit der besonderen Eigenart des Kindes vertraut zu machen, ihr Kind und seine Entwicklungsprobleme einzuschätzen, hilfreiche Kontakte zu anderen betroffenen Müttern, Fachleuten, Behinderteneinrichtungen usw. zu knüpfen, sich auf fachliche Hilfen zu stützen.

„Dass die Entwicklung eines starken Problembewusstseins vor allem bei den Müttern festzustellen war, dürfte also maßgeblich damit zusammenhängen, dass in erster Linie sie praktisch stark herausgefordert waren. Die unmittelbare, kontinuierliche und vielseitige Konfrontation mit den Problemen des Kindes war für die Bewusstwerdung von ausschlaggebender Bedeutung."[215] Eine Mutter berichtet über ihren Verarbeitungsprozess:

---

214 Ebenda, S. 71.

215 Hinze, Dieter. Väter und Mütter behinderter Kinder, a.a.O., S. 97.

*„Als Mutter ist man mehr mit dem Kind zusammen. Ich komme deshalb besser mit der Behinderung zurecht, weil ich viel damit konfrontiert war und bin. Es ist einfacher, mit der Behinderung fertigzuwerden, wenn man gut damit vertraut ist."*[216]

Ein Vater berichtet demgegenüber:

*„Meine Frau war immer mehr auf dem laufenden als ich. Sie war besser informiert und konnte sich mehr Gedanken machen. Dadurch war es leichter für sie und schwieriger für mich zu lernen, dass wir ein behindertes Kind haben."*[217]

## 3.6 Die Rolle als Vater

### 3.6.1 Eltern von Kindern mit geistiger Behinderung: Sind Väter genauso wie Mütter?

„Eltern geistig behinderter Kinder sind Väter genauso wie Mütter."[218] Sie sind von der Behinderung ihres Kindes ebenso betroffen wie die Mütter, sie werden mit der Behinderung konfrontiert, müssen sich mit ihr auseinandersetzen.

Dennoch sind eine Mehrzahl von Büchern zu dem Thema „Eltern von Kindern mit einer geistigen Behinderung" in der aktuellen Fachliteratur zu finden, in denen die Väter dieser Kinder vernachlässigt oder erst gar nicht erwähnt werden. So sind vermehrt Bücher aus der Sicht von Müttern geschrieben wie z. B. „Familienentwicklung in der Frühförderung"[219], „Ist Aufopferung eine Lösung?"[220], „Behinderte Kinder - behinderte Mütter?"[221]. Selten findet man ein Buch wie z. B. „Väter behinderter Kinder"[222]. In diesem Gliederungspunkt wird diese Lücke aufgegriffen, und bewusst auf die Situation bzw. Rolle der Väter eingegangen.

---

216 Ebenda, S. 160.
217 Ebenda, S. 162.
218 Ebenda, S. 17.
219 Steinebach, Christoph, a.a.O..
220 Schieche von Eickstedt, Mechthild (Hrsg.). Ist Aufopferung eine Lösung?. 1. Aufl. Berlin: FBV Frauenbuchvertrieb GmbH, 1981.
221 Jonas, Monika. Behinderte Kinder – behinderte Mütter. Frankfurt am Main: Fischer Taschenbuch Verlag GmbH, 1990.
222 Kallenbach, Kurt (Hrsg.). Väter behinderter Kinder, a.a.O..

„In den bisherigen Untersuchungen wurde in der Regel kein dezidierter Unterschied zwischen Vätern und Müttern gemacht."[223] An dieser Stelle wird auf Dieter Hinze hingewiesen, der dieses Defizit aufgreift. Er untersucht in seinem Buch „Väter und Mütter behinderter Kinder"[224] den Auseinandersetzungs- und Verarbeitungsprozess bei Eltern von behinderten Kindern und geht dabei von einer gesonderten Betrachtung von Vätern und Müttern aus.

### 3.6.2 Bedeutung des Zusammenhanges im Rollenverständnis der Männer und ihr Lernprozess der Krisenbewältigung

Die Behauptung, dass es Väter *scheinbar* leichter haben als Mütter, die geistige Behinderung ihres Kindes zu verarbeiten, wird geschlechts- und rollenspezifischen Unterschieden zugeschrieben. „Ihr mehr auf Sachlichkeit, Selbstbeherrschung, Stärke und Rollenkonformität ausgerichtetes Verhalten sowie die Priorität ihrer Erwerbsarbeit scheinen es den Vätern leichter zu machen, zur Behinderung auf Distanz zu gehen und die Belastungen in Grenzen zu halten."[225]

Sie werden aufgrund ihrer außerhäuslichen Erwerbsarbeit vor alltäglichen Problemen verschont (z. B. tägliche Probleme im Umgang mit dem Kind das geistig behindert ist). Dies bedeutet eine faktische wie psychische Entlastung.[226] Ein Vater berichtet:

> *„Für meine Frau ist es schwieriger als für mich. Ich bin ja nur der Vater, berufstätig und die meiste Zeit nicht zu Hause. Und deshalb liegen die Belastungen in erster Linie bei meiner Frau. Sie muss die Mutterschaft erledigen, und ich muss die Familie versorgen."*[227]

Über einen längeren Zeitraum gesehen, wirkt es auf Väter belastend, dass sie weniger Umgang mit dem Kind haben. Vätern wird die Auseinandersetzung mit der geistigen Behinderung ihres Kindes erschwert. Durch die räumliche Entfernung und die Ablenkung durch den Beruf können sich die Väter innerlich distanzieren, was ihnen eine

223 Hinze, Dieter. Väter und Mütter behinderter Kinder, a.a.O., S. 18.
224 Ebenda.
225 Ebenda, S. 18.
226 Vgl. Hinze, Dieter. Väter behinderter Kinder - ihre besonderen Schwierigkeiten und Chancen. In: Vereinigung für Interdisziplinäre Frühförderung e.V. (Hrsg.). Familienorientierte Frühförderung. Dokumentation des 6. Symposiums Frühförderung, Hannover 1991. Bd. 1. München: Ernst Reinhardt, GmbH & Co, Verlag, 1991, S. 65.
227 Ebenda, S. 65.

momentane psychische Erleichterung bereiten kann. Langfristig wirkt sich diese Distanz auf den Verarbeitungsprozess der Behinderung nachteilig aus. Die mangelnde Problemkonfrontation mit der geistigen Beeinträchtigung erschwert die Entwicklung von Problembewusstsein bei den Vätern.[228]

Ein Vater erzählt:

> *„Durch meinen Beruf hatte ich mehr Möglichkeit, mich abzulenken. Aber das lief ja mehr darauf hinaus, die Behinderung zu verdrängen. Deshalb war das eigentlich auch keine Hilfe. Denn man muss das Ganze ja auch verarbeiten."*[229]

Der mangelnde praktische Umgang mit dem Kind seitens der Väter ist nicht nur innerhalb sondern auch außerhalb der Familie eingeschränkt. Termine bei Ärzten, Therapieangebote, Gespräche mit Therapeuten etc. werden vor allem von Müttern wahrgenommen. Dies kann sich psychisch destabilisierend auf Väter auswirken. Vätern fällt es schwer, mit dem Kind und seiner geistigen Behinderung vertraut zu werden, ein Kompetenzgefühl im Umgang mit dem Kind zu entwickeln. Ihnen fehlt die für ihr Selbstverständnis wichtige Kontrollüberzeugung, mit der sie die Schwierigkeiten aktiv und erfolgsorientiert bewältigen können. Kompensierend können sie daraus folgernd eine starke innere Aktivität entwickeln[230]. Ein Vater teilt mit:

> *„Es war immer sehr wichtig für mich, wenigstens das Gefühl zu haben, dass alles für mein Kind getan wird, dass nichts unversucht gelassen und das Bestmögliche getan wird."*[231]

Insgesamt wird die Möglichkeit vieler Väter, sich mit ihrem Kind im Alltag auseinanderzusetzen, beschränkt: „durch ihre Erwerbsarbeit, durch ihre mangelnde Beteiligung am Kontakt mit den Fachleuten sowie durch das erzieherische Gewohnheitsrecht der Mütter."[232] Diesbezüglich sind für die Vaterrolle Begriffe in der Literatur zu finden wie z. B. „periphere Eltern-Rolle"[233], „Rolle des Mithelfenden oder Assistenten" bezüglich

---

228 Ebenda, S. 65-66.
229 Ebenda, S. 65.
230 Vgl. ebenda, S. 66.
231 Ebenda, S. 66.
232 Hinze, Dieter. Väter und Mütter behinderter Kinder, a.a.O., S. 109.
233 Vgl. ebenda, S. 141.

familiärer Aufgabenerfüllungen[234], „Abend- und Wochenendbetreuer" für ihre Kinder[235], „Teilzeitväter"[236].

### 3.6.3 Der Wandel in der Vaterrolle

„Die Väter, die neue Orientierungsmuster suchen und sich an der Hausarbeit und Kinderbetreuung beteiligen wollen, erfahren aber auch, dass diesen Bestrebungen zum Teil nur schwer abzubauende Widerstände entgegenstehen."[237]

Zum einen hindern eigene und fremde sozialisationsbedingte Einstellungen und Verhaltensweisen die Väter an einer Bewusstseinsänderung. Zum anderen erfahren sie Blockaden durch Rahmenbedingungen in der Arbeitswelt und in der Gesellschaft. Viele Väter folgen z. B. immer noch Männlichkeitsidealen, wie das des pflichtbewussten Ernährers der Familie. Aufgrund ihrer Berufstätigkeit können sie die wirtschaftliche Situation der Familie festigen. Durch diese einseitige Aufgabenerfüllung besteht die Gefahr, dass sie familiäre Verpflichtungen vernachlässigen. Dazu darf aber nicht die Vormachtstellung der Mütter innerhalb der Kinderbetreuung und der Hausarbeiten übersehen werden. „Sie haben sehr viel mehr an Erfahrungen und halten oft ihre Männer für nicht ausreichend kompetent."[238]

Es gibt aber auch Väter, und deren Zahl ist im Vergleich zu früher angestiegen, die sich vermehrt für ihre Familie engagieren (indem sie z. B. im Haushalt helfen oder sich um die Kinder kümmern). Innerhalb der Vielzahl von Formen familiären Zusammenlebens (vgl. Gliederungspunkt 3.3.2) werden u.a. neue Rollenaufteilungen denkbar, wie z. B. dass die Väter als „Hausmänner" zu Hause bleiben und Frauen berufstätig sind. Gerade durch die Behinderung können Väter zu mehr Engagement im familiären Bereich herausgefordert sein und so u.a. ihre Frauen entlasten. Dies kann eine Rollenannäherung bedeuten. Wichtig ist dabei, dass Familien individuell die richtigen Kompromisse und Lösungen für sich finden.

234 Vgl. Kallenbach, Kurt. Nachwort: Väter. In: Kallenbach, Kurt (Hrsg.), a.a.O., S. 212.
235 Vgl. ebenda, S. 210.
236 Vgl. ebenda, S. 210.
237 Ebenda, S. 211.
238 Ebenda, S. 211.

Durch die Konfrontation mit der geistigen Behinderung des Kindes und den daraus entstehenden Lernprozess der Krisenverarbeitung „kann es zu einer Verfestigung oder Polarisierung des Rollenverhaltens zwischen Vätern und Müttern, ebenso aber auch zu einer Neuorientierung und Annäherung der Rollen kommen. Für das Familienleben und die Partnerschaft kann dies positive und negative Folgen haben."[239]

### 3.6.4 Bedeutung des Zusammenhanges zwischen der Rolle als Mann und dem Ausdruck von Gefühlen

Aufgrund ihrer männlichen Geschlechterrolle wird von Männern mehr Sachlichkeit und Selbstkontrolle verlangt. Von ihnen wird erwartet, dass sie sich in Stress-Situationen sachlich und kontrolliert verhalten und die Ruhe bewahren. Väter von Kindern mit geistiger Behinderung neigen dazu, ihre Gefühlsprobleme möglichst wenig zu zeigen.[240] Das bedeutet aber nicht, dass sie keine haben. Ein Vater berichtet:

> *„Das ist ein Gefühl, wie wenn man den ganzen Tag heulen würde. Es ist, wie wenn man zusammenbricht. Aber das darf man nicht. Man muss die Kraft seiner Frau geben. Man sagt immer: der Indianer kennt keinen Schmerz. Im Grunde ist das dummes Geschwätz. Denn jeder hat irgendwann einmal das Bedürfnis loszuheulen, und das war bei mir auch so."*[241]

Eine Mutter berichtet ihrerseits von dem psychischen Empfinden ihres Mannes:

> *„Mein Mann wird im Grunde auch nicht so ohne weiteres damit fertig. Der nimmt das zwar alles immer so cool, locker und leicht hin, aber ich habe doch immer wieder deutlich gespürt, dass er ganz anders empfindet."*[242]

Weiterhin hindert die Selbstbeherrschtheit der Väter sie an der emotionalen Verarbeitung der Behinderung. Ein Vater teilt mit:

239 Hinze, Dieter. Väter und Mütter behinderter Kinder, a.a.O., S. 18.

240 Vgl. Hinze, Dieter. Väter behinderter Kinder - ihre besonderen Schwierigkeiten und Chancen. In: Vereinigung für Interdisziplinäre Frühförderung e.V. (Hrsg.), a.a.O., S. 66.

241 Ebenda, S. 66.

242 Hinze, Dieter. Väter und Mütter behinderter Kinder, a.a.O., S. 162.

*„Vom Verstand her kann ich mir zwar sagen: ich akzeptiere, dass mein Sohn behindert ist. Aber ich weiß nicht, wie ich damit umgehen soll, wie ich seelisch damit fertigwerden soll. Es ist ja ein Riesenunterschied zwischen dem verstandesmäßigen Erkennen und dem gefühlsmäßigen Annehmen. Vom Verstand her kann ich zwar sagen: es ist nun mal so. Aber das innerlich zu verdauen werde ich wahrscheinlich nie schaffen."*[243]

Väter neigen zudem dazu, problembezogene Gespräche zu vermeiden und über ihre Gefühle zu sprechen. „Wenn die Väter dann auf ihre eigenen Probleme und die mit ihrem Kind einmal angesprochen werden, verstummen viele, weil sie es nicht gewohnt sind und es nicht gelernt haben, darüber zu reden."[244] Ein Vater erzählt:

*„Wenn ich von der Arbeit nach Hause kam, wollte meine Frau immer eine ganze Menge loswerden. Aber das habe ich nicht zugelassen. Ich habe dann gesagt: Mach' dich nicht verrückt, du machst dir zu viele Sorgen! Insgeheim wusste ich natürlich, dass sie recht hatte."*[245]

### 3.6.5 Von der Wichtigkeit einer sozial-emotionalen Unterstützung

Aufgrund der geringeren Außenkontakte zu Fachleuten, anderen betroffenen Eltern etc. können sich Väter verstärkt an ihre Ehefrauen gebunden sehen. Sie messen anderen Kontakten zwar auch eine wichtige Bedeutung zu, tun sich aber schwer damit, diesen Mangel an Außenkontakte zu ändern. Auf diese Weise kommt den Vätern meist weniger sozial-emotionale Unterstützung aufgrund von Außenkontakten bei.[246] Ein Vater berichtet über seine Beziehung zu seiner Frau:

*„Meine Frau spielt eine ganz zentrale Rolle. Sie hat mein Bewusstsein für unser Kind gestärkt, gibt mir Sicherheit und entlastet mich.*

---

243 Hinze, Dieter. Väter behinderter Kinder - ihre besonderen Schwierigkeiten und Chancen. In: Vereinigung für Interdisziplinäre Frühförderung e.V. (Hrsg.), a.a.O., S. 66.

244 Kallenbach, Kurt. Nachwort: Väter. In: Kallenbach, Kurt (Hrsg.), a.a.O., S. 216.

245 Hinze, Dieter. Väter behinderter Kinder - ihre besonderen Schwierigkeiten und Chancen. In: Vereinigung für Interdisziplinäre Frühförderung e.V. (Hrsg.), a.a.O., S. 67.

246 Vgl. ebenda, S. 67.

*Wenn das anders wäre, würde alles auf mich zurückschlagen, und ich weiß nicht, was ich dann tun würde."*[247]

Gerade deshalb sind besonders Fachleute (wie z. B. Sozialpädagogen und Ärzte) gefragt, auch auf die besonderen Schwierigkeiten der Väter einzugehen und daraus folgend für sie eine sozial emotionale Unterstützung zu gewährleisten (beispielsweise könnten Sozialpädagogen die Gründung von Selbsthilfegruppen für Väter fördern).

Durch die geistige Behinderung ihres Kindes bekommen die Väter einen Anreiz, ihre Gefühls- und Kontaktoffenheit zu erweitern. Im Laufe des Bewältigungsprozesses können Väter u.a. lernen, ihre Gefühle verstärkt zu beachten, ihren Gesprächswünschen mehr Ausdruck zu verleihen, offen über ihre Gefühle zu reden.[248] Ein Vater legt seine Erfahrungen mit Müttern dar:

> *„Wo ich zum ersten Mal hier war und die anderen Mütter erlebt habe, da habe ich die bewundert, wie sie mit ihren viel schwerer behinderten Kindern umgegangen sind und dabei auch noch fröhlich waren. Die waren auch sehr offen, und wir sind aufeinander zugegangen und haben gut miteinander geredet. Da wusste ich, dass noch andere da sind, und dadurch habe ich wieder Kraft bekommen."*[249]

247 Ebenda, S. 67.

248 Vgl. ebenda, S. 68.

249 Hinze, Dieter. Väter und Mütter behinderter Kinder, a.a.O., S. 145.

# 4. Der Umgang mit geistig behinderten Kleinkindern

Nachdem die Situation von Eltern eines Kleinkindes mit geistiger Behinderung aus verschiedenen Blickwinkeln heraus betrachtet wurde (vgl. Gliederungspunkt 3.1 bis 3.6), wird im folgenden Abschnitt auf die soziale Situation des betroffenen Kindes eingegangen. Zudem sollen Wege für die Eltern aufgezeigt werden, wie sie ihrem Kind helfen können und Fragen der Eltern bezüglich des Umgangs mit dem Kind angesprochen werden. Aufgrund der Komplexität der Materie, können die ausgewählten Inhalte als eine Annäherung an das Thema verstanden werden.

## 4.1 Die soziale Situation des betroffenen Kindes

Die Betrachtung grundlegender Faktoren, welche die soziale Situation des Kindes bedingen, soll dem Leser vor allem die Vielfalt der Faktoren vor Augen führen, welche Sozialisation und Erziehung des Kindes beeinflussen können.

Die soziale Situation des Kindes mit geistiger Behinderung scheint besonders von 5 Faktoren bestimmt zu sein:

1. von dem Phänomen der geistigen Behinderung an sich;
2. von der Schwierigkeit der unmittelbaren Umwelt des geistig behinderten Kindes, sich auf dieses Phänomen einzustellen;
3. von der bislang nur bedingt erfolgten Erforschung des Phänomens;
4. von bislang zum Teil noch unbekannten Sozialisierungs- und Erziehungsprozessen bei Kindern mit geistiger Behinderung;
5. von weitgehender Unkenntnis des Phänomens in der Gesellschaft
6. und daraus resultierenden häufig ablehnenden Verhaltensweisen.[250]

Bei einem Kind mit geistiger Behinderung sind Erlebnisbereich und Erfahrensumwelt eingeschränkt und somit auch die funktionalen Be-

250 Vgl. Rache, Heinz. Zur sozialen Situation des geistig behinderten Kindes. In: Eggert, Dietrich/Schomburg, Eberhard/Altemöller, Rolf (Hrsg.), a.a.O., S. 49.

ziehungs- sowie Sozialisierungsprozesse. Diese finden im Laufe der kindlichen Entwicklung hauptsächlich im Bereich des Elternhauses und in Bildungsstätten (im Kleinkindalter z. B. in der Frühförderung) statt.

Der Einstellung und dem Verhalten der Eltern und Fachkräfte, die mit dem Kind in Kontakt treten, kommt dadurch ein besonderes Gewicht zu, da die Einstellungen und das Verhalten zum Kind dessen Sozialisation wesentlich beeinflussen (fördern die Eltern z. B. Kontakte zu Kindern, die behindert und nicht behindert sind, kann das geistig behinderte Kind die Möglichkeit bekommen, erweiterte soziale Fertigkeiten unter Gleichaltrigen zu erwerben).[251]

Einflussfaktoren eines günstigen psychosozialen Milieus für das betroffene Kind sind u.a.:

1. die Zuwendungsbereitschaft der Mutter, des Vaters und der Geschwister;
2. die wiederum von soziografischen Gegebenheiten der Familie mitbestimmt wird (wie z. B. Wohnungsgröße, Wohnort, Anzahl der Geschwister, Zahl der möglichen Betreuungspersonen aus dem verwandtschaftlichen Umfeld);
3. die ökonomischen und Arbeitsbedingungen der Eltern;
4. die Bedingungszusammenhänge zwischen der Familie bzw. einzelner Familienmitglieder und Außenbeziehungen wie denen zu Nachbarn, Verwandten, Freunden;
5. die örtlichen Gegebenheiten, fachliche (d.h. frühdiagnostische therapeutische und beratende) Hilfe zu bekommen;
6. die Möglichkeit, den Eltern die Beschreitbarkeit geeigneter Wege zur Bewältigung der Probleme zu vermitteln.

Bei den aufgeführten Einflussfaktoren auf die Familie können unterschiedlich stark ausgeprägte Wechselwirkungen angenommen werden (z. B. können aufgrund qualifizierter örtlicher fachlicher Hilfen für die Familie die Zuwendungsbereitschaft der einzelnen Familienmitglieder zum geistig behinderten Kind positiv beeinflusst werden).[252]

---

251 Vgl. ebenda, S. 49.

252 Vgl. Altemöller, Rolf/Eggert, Dietrich. Sozialisationstheoretische Aspekte zur Entwicklung des geistig behinderten Kindes. In: Eggert, Dietrich/ Schomburg, Eberhard/ Altemöller, Rolf (Hrsg.), a.a.O., S. 129-130.

Nachdem ein kurzer Überblick über Faktoren gegeben wurde, die die soziale Situation des Kindes grundlegend beeinflussen, wird im folgenden Teil des Buches auf die Entwicklung von Kindern mit geistiger Behinderung eingegangen.

## 4.2 Die Entwicklung von Kindern mit geistiger Behinderung

Bücher wie z. B. „Einführung in die Entwicklungspsychologie des Kindes- und Jugendalters“[253], „Theorien der Entwicklungspsychologie“[254] geben Interessierten wissenschaftlich fundierte Auskunft über das Gebiet der Entwicklungspsychologie.

Wenn wir von der Entwicklung eines Kindes sprechen, so verstehen wir darunter verschiedene Bereiche, wie beispielsweise seine kognitive, soziale und motorische Entwicklung.

„Keine zwei Kinder entwickeln sich jemals in gleicher Weise.“[255] Sie unterscheiden sich aufgrund ihrer angeborenen Fähigkeiten, ihrer verschiedenartigen Lebensumstände. Das bedeutet, dass manche Kinder schnellere Fortschritte in den Entwicklungsbereichen machen als andere.

Eine Besonderheit in der Entwicklung von Kindern mit einer geistigen Behinderung ist, dass ihre Entwicklung nicht an der von anderen Kindern gemessen werden darf. Je nach Schwere der Beeinträchtigung können u.a. Sitzen, Stehen, Laufen zu einem späteren Zeitpunkt eintreten. Auch wenn die Entwicklung zunächst langsamer verläuft, so kann das Erreichte nicht mit dem verglichen werden, was andere Kinder erlangen. So fehlt einem Kind mit geistiger Beeinträchtigung u.a. die Differenzierung in den einzelnen Bereichen. Sie erreichen trotz verlangsamter Entwicklung nicht das gleiche Ziel.[256]

Die Eltern dieser Kinder sind vermehrt mit Grenzen in der Entwicklung ihres Kindes konfrontiert. Sie müssen lernen, ihren Kindern klei-

253 Rossmann, Peter. Einführung in die Entwicklungspsychologie des Kindes- und Jugendalters. 1. Aufl. Bern: Verlag Hans Huber, 1996.

254 Miller, Patricia H.. Theorien der Entwicklungspsychologie. Heidelberg, Berlin, Oxford: Spektrum Akademischer Verlag GmbH, 1993.

255 Newson, Elizabeth/Hipgrave, Tony. So helfe ich meinem behinderten Kind. 2. Aufl. Weinheim, Basel: Beltz Verlag, 1992, S. 13.

256 Vgl. von Hahn, Gustav-Peter, a.a.O., S. 34.

ne, realistische Entwicklungsziele zu setzen, die Entwicklungsschritte ihrer Kinder zu akzeptieren und sie so anzunehmen, wie sie sind.

Zudem kann von einer Begrenzung in der Gesamtentwicklung gesprochen werden, weil Menschen mit einer geistigen Behinderung nur annähernd die normalen Ziele der Persönlichkeitsentwicklung erreichen, wie z. B. freie Entscheidungsfähigkeit, Selbstverantwortung, eigene Lebensgestaltung.

Studien über die Entwicklung von Kindern mit geistiger Behinderung legen dar, dass manche von ihnen außerordentliche Begabungen vorzuweisen haben (wie z. B. ein außerordentliches Gedächtnis für Geburtstage, sich Liedtexte zu merken). Es wäre jedoch verkehrt, von dieser einseitigen Begabung auf den Stand der Gesamtentwicklung zu schließen. Durch den pädagogischen Umgang mit dem Kind können die Bezugspersonen diese Begabungen jedoch sinnvoll fördern.[257]

Der Blick auf die Gesamtpersönlichkeit von Menschen mit geistiger Beeinträchtigung muss immer Vorrang haben. Es wäre z. B. falsch, ihnen aufgrund der geringeren Intelligenz andere Fähigkeiten abzusprechen, wie z. B. ihre Kommunikationsfähigkeit, selbst wenn sie nicht über eine Sprache nach unserem Verständnis verfügen. Eine Herausforderung der Bezugspersonen ist es, zu lernen, auf den Menschen und seine Eigenart einzugehen, und im täglichen Umgang miteinander zu lernen, den anderen zu verstehen. Es ist normal, verschieden zu sein.[258]

Eine Mutter berichtet über die Verständigung mit ihrem geistig behinderten Kind:

> *„Am Anfang habe ich gedacht: Versteht sie mich überhaupt? Man muss es einfach ausprobieren. Ich behandle meine Tochter jetzt ganz normal. Und sie merkt sehr genau, wenn ich schimpfe oder böse bin."*[259]

257 Vgl. ebenda, S. 35.

258 Vgl. Bundesvereinigung Lebenshilfe für geistig Behinderte e.V. (Hrsg.). Grundsatzprogramm der Lebenshilfe. Marburg: Lebenshilfe-Verlag, 1991, S. 10-11.

259 Beuys, Barbara, a.a.O., S. 68.

## 4.3 Frühe Hilfen und ihre Bedeutsamkeit

Wichtig für eine gezielte Entwicklung für das Kind ist, dass die Eltern möglichst bald die Entwicklungsverzögerungen feststellen, damit frühe Hilfen mobilisiert werden können (wie z. B. im Bereich der Frühförderung). Dazu ist es u.a. notwendig, dass Eltern sich über den normalen Entwicklungsverlauf von Kindern erkundigen, ihr Kind beobachten und im Kontakt mit dem Kinderarzt stehen (z. B. zur Durchführung von Vorsorgeuntersuchungen beim Kind).

„Frühe Hilfen sind die wirksamsten Hilfen. Dies gilt nicht nur für das behinderte oder von Behinderung bedrohte Kind, sondern für die ganze Familie: Frühe Hilfen können die Familie stabilisieren und den Eltern die Annahme und die Erziehung ihres behinderten Kindes erleichtern."[260] Hier ist die aufeinander abgestimmte Zusammenarbeit von pädagogischen, psychologischen, sozialen und medizinischen Hilfen besonders gefragt. Diese Hilfen müssen auf die individuellen Gegebenheiten, und zwar im Bezug auf das Kind, seine Eltern, die Familie als Lebensgemeinschaft und ihr soziales Umfeld ausgerichtet sein. Die Beobachtungen und Erfahrungen der Eltern sind dabei zu berücksichtigen (vgl. Gliederungspunkt 7).

An dieser Stelle sei die Kritik von Christoph Anstötz zu der These „Frühe Hilfen, wirksamste Hilfen" erwähnt, der diese näher (aus logischer, psychologischer und biologischer Sicht) durchleuchtet.

Eine von ihm dargestellte Kritik bezieht sich z. B.:

- *auf die nicht problematisierte Übernahme solcher Thesen*
- *auf die Frage der Effektivität solcher Interventionen, die in einem späteren Alter bei dem behinderten Kind ansetzen und der daraus folgenden Schlussfolgerung, dass spätere Maßnahmen als eher unwirksam einzustufen seien*
- *auf die Nichtbeachtung von Lern- und Transferleistungen die aufgrund der biologischen Reifung des Individuums erst zu einem späteren Alter als wie z. B. dem Kleinkindalter möglich sind*[261]

260 Bundesvereinigung Lebenshilfe für geistig Behinderte e.V. (Hrsg.). Grundsatzprogramm der Lebenshilfe, a.a.O., S. 36.

261 Vgl. Anstötz, Christoph. Grundriß der Geistigbehindertenpädagogik. 1. Aufl. Berlin: Carl Marhold Verlagsbuchhandlung, 1987, S. 46-53.

Er kommt zu dem Schluss: „Aus der Tatsache, dass die Chancen pädagogischer Frühinterventionen, aus welchen Gründen auch immer, nicht oder nicht genügend wahrgenommen wurden, lässt sich jedenfalls nicht der Schluss ziehen, dass spätere Fördermaßnahmen, auch solche, die erst im höheren Erwachsenenalter durchgeführt werden, vergeblich sein müssen."[262]

Dieser Schlussfolgerung sei an dieser Stelle Beachtung verliehen. Dennoch ist zu betonen, dass die Wichtigkeit früher Hilfen keinesfalls zu unterschätzen ist, da dadurch Entwicklungschancen (wie z. B. im kognitiven, sprachlichen, motorischen, sozialen Bereich) für das Kind versäumt werden, die zu einem späteren Zeitpunkt oft nur schwer oder zum Teil gar nicht mehr, nachgeholt werden können. Gerade auch für die Eltern können diese frühen Hilfen notwendig sein, weil sie noch am Anfang ihres Krisenverarbeitungsprozesses stehen (vgl. Gliederungspunkt 3.2.2), dadurch psychischen Belastungen ausgesetzt sind und noch viele Fragen bezüglich ihrer Situation, sowie der zukünftigen Entwicklung des behinderten Kindes offen stehen.

Im Bereich der Pädagogik hat man diesbezüglich begonnen, eine spezielle Kleinkinderpädagogik zu entwickeln. Diese soll sich u.a. im Rahmen der Früherziehung mit der Lösung relevanter Probleme beschäftigen (wie z. B. der Früherkennung von geistiger Behinderung, Entwicklung von Förderplänen, Erstellung von Beratungskonzepten).[263]

## 4.4 Grundlegende Aussagen für den Umgang mit dem Kind

Wie können Eltern die Erziehung und Pflege ihres Kindes mit geistiger Behinderung bewältigen? Wie kann sich der tägliche Umgang mit ihrem Kind gestalten?

„Die Aufgabe, ein behindertes Kind zu erziehen, ist in der Familie neu; die Eltern können nicht auf familiäre Vorbilder, beispielsweise die Erziehungstechniken ihrer eigenen Eltern zurückgreifen. Dies macht Beratung und Anleitung für sie weitaus dringlicher als für die Eltern nichtbehinderter Kinder."[264]

262 Ebenda, S. 53.
263 Vgl. ebenda, S. 45.
264 Hensle, Ulrich, a.a.O., S. 237.

In der aktuellen Fachliteratur sind praktische Ratgeber zu diesem Thema erschienen, die detaillierte Fragen beantworten, wie z. B. „So helfe ich meinen behinderten Kind“[265], „Leben und Lernen mit einem behinderten Kind“[266], „Mit geistig Behinderten leben und arbeiten“[267]. In diesem Buch wird kurz auf einige wesentliche Grundsätze im Umgang mit dem betroffenen Kind eingegangen.

*a) Eine fördernde Erziehungssituation gestalten:*

„Das behinderte Kind ist in erster Linie ein Kind mit Bedürfnissen, wie alle anderen Kinder: Es will eine liebevolle Mutter, eine zuverlässige Familienatmosphäre, es will geliebt werden, fröhlich sein, spielen, und es will im Rahmen seiner Möglichkeiten lernen wie alle anderen Kinder.“[268]

Fehlendes Urvertrauen führt auch bei gesunden Kindern zu Kontaktarmut, zu Scheu und Misstrauen. Umso mehr entstehen bei Kindern mit geistiger Behinderung Störungen, da sie besonders an ihre Eltern gebunden sind (vgl. Gliederungspunkt 4.1). Entwicklungsmöglichkeiten verkümmern, neurotische Störungen können entstehen.

Für jede effektive Erziehungsmaßnahme ist von Bedeutung, dass das Kind sich in seiner Umgebung wohl fühlt und eine positive Beziehung zu seinen Bezugspersonen aufbaut. Auch für die soziale Entwicklung des Kindes sind die Bezugspersonen prägend. Hierfür ist es u.a. wichtig, dass die Eltern lernen, ihr Kind anzunehmen, so wie es ist, und lernen auf ihr Kind einzugehen, mit ihm zu kommunizieren, um es zu verstehen.

„Außer den angeborenen und erworbenen intellektuellen Lernstörungen gibt es gefühlsbedingte Beeinträchtigungen des Lernens. Kontaktstörungen zwischen dem behinderten Kind und seinen Bezugspersonen wirken sich unmittelbar hemmend auf seine Lernfähigkeiten aus.“[269] Kinder fangen an zu „bocken“, zu „streiken“. Das Kind reagiert auf Störungen in der Beziehung zu seinen Bezugspersonen.

---

265 Newson, Elizabeth/Hipgrave, Tony, a.a.O..

266 Scheel, Karin. Leben und Lernen mit einem behinderten Kind. Bonn: Rehabilitationsverlag GmbH, 1984.

267 Senckel, Barbara. Mit geistig Behinderten leben und arbeiten. München: Verlag C.H. Beck oHG, 2010.

268 Görres, Silvia, a.a.O., S. 63.

269 Ebenda, S. 66.

Eltern sollten stets hinterfragen, warum ein Kind ein bestimmtes Verhalten zeigt. Ein wichtiger Faktor ist das tägliche Verhalten der Eltern gegenüber dem Kind.

Die Bezugspersonen sollen selbst über einen inneren Halt verfügen. Innere Ruhe, Gelassenheit und Ausgeglichenheit können die Eltern erlangen, indem sie z. B. selbst aktiv etwas für sich unternehmen, sich selbst Erholungspausen einräumen und Hobbys pflegen.

Es sollte darauf geachtet werden, dass genügend Zeit für Ruhe im Alltagsgeschehen für das Kind bleibt. Diese kann z. B. hergestellt werden, indem man ruhig dasitzt und miteinander Bilder betrachtet.

Die Bezugspersonen sollten die Bedeutung ihrer Stimme genauer kennen lernen:

- *Kann meine Stimme Angenommen-sein vermitteln?*
- *Vermag sie Wärme und Strenge auszudrücken?*
- *Ist sie modulationsfähig und gibt somit dem Einzelnen für das Gesagte eine Hilfe?*
- *Ruhig - leiser – lauter?*
- *Ist sie lebendig oder matt?*
- *Kann ich mich wirklich mitteilen?*[270]

Auch sollte darauf geachtet werden, dass der Tagesablauf zu einem bestimmten Maße strukturiert ist, damit sich das Kind in einer gewohnten Umgebung mit seinen vertrauten Bezugspersonen entwickeln kann.

„Erstaunlich und schwer verständlich für viele Erwachsene ist, dass schon kleinste Veränderungen bei einem behinderten Kind Verwirrungen stiften und intensive Angst auslösen können"[271] (z. B. wenn der Vater nicht zur gewohnten Zeit nach Hause kommt).

Das Kind kann in Panik geraten, schreien, weil es die feste Ordnung, den gleich bleibenden Rhythmus, die Beständigkeit seines sozialen Umfeldes benötigt und Abweichungen als Gefährdung erlebt, denn oft kann es diese Veränderung aufgrund seines kognitiven Entwicklungsstandes nicht verstehen.

---

270 Vgl. von Hahn, Gustav-Peter, a.a.O., S. 89-93.
271 Görres, Silvia, a.a.O., S. 69.

*b) Aufmerksamkeit und Lernen*

Mit zunehmender Intelligenzminderung nimmt die Konzentrationsschwäche zu. Menschen mit geistiger Behinderung wird eine fluktuierende, geringe Aufmerksamkeit, minimale Belastungsfähigkeit und leichte Ablenkbarkeit zugeschrieben.

Daraus folgernd benötigen sie aufmerksamkeitsfixierende Hilfen wie z. B. durch eine konzentrationsfördernde Umgebung (es sollten zu viele Reize verhindert werden, wodurch das Kind abgelenkt wird) oder Aufmerksamkeitsförderungsprogramme.[272]

„Der Mensch ist ein lernendes Wesen."[273] Werden Kinder unterfordert, wirkt sich dies verlangsamend auf ihre Entwicklung aus, bzw. sie lernen viele Dinge erst gar nicht.

Kinder mit einer geistigen Behinderung können grundsätzlich lernen wie alle anderen Kinder auch. Es müssen allerdings einige Besonderheiten Berücksichtigung finden: geringe Transfer- und Generalisierungsfähigkeit, dauernde Stimulierungsbedürftigkeit, Fluktuation der Aufmerksamkeit, geringe Belastbarkeit, langsames Lerntempo. Das erfordert: Anknüpfung an vitale, körpernahe Bedürfnisse, Handlungsbezogenheit, kleinste Schritte, Isolierung der Schwierigkeiten, häufige Wechsel der Lerninhalte, Hilfen bei Aufgabenstrukturierungen, Anhalten zum Verbalisieren, Sachbezogenheit und Konkretheit.[274]

Das Wahrnehmen, Speichern und Verarbeiten von Lerninhalten hängt von der individuellen Leistungsfähigkeit des Kindes ab, sowie von seiner individuellen Lebensgeschichte.

Anschauliche, konkrete Inhalte, die stets wiederholt werden und sich an die konkrete Lebenssituation des Kindes orientieren, können am besten gelernt werden.[275]

Deshalb müssen Lerninhalte immer konkret und anschaulich vollziehbar dargeboten werden. Zentrale kognitive Leistungen wie z. B. Be-

---

272 Vgl. Neise, Karl, a.a.O., S. 141.
273 Görres, Silvia, a.a.o., S. 65.
274 Vgl. Neise, Karl, a.a.O., S. 140.
275 Vgl. ebenda, S. 140.

griffsbildung, Abstraktion, schlussfolgerndes Denken bleiben am stärksten davon betroffen.[276]

Eine Sprachanbahnung kann durch situationsbezogenes Sprechen geschehen, d.h. das, was die Bezugsperson gerade macht, begleitet diese mit ihrer Sprache: z. B. beim Waschen des Kleinkindes „da ist der Arm, jetzt das Hemd...". Allgemein muss die Bezugsperson darauf achten, dass sie keine abstrakte Sprache verwendet. Es ist wichtig, dass die Dinge mit ihren richtigen Namen genannt werden und keine Kindersprache seitens der Bezugsperson verwendet wird.[277] Wichtig ist auch nach Möglichkeit die Herstellung eines Blickkontaktes, wenn die Bezugsperson mit dem Kind spricht.

Das Lernen muss dem Kind immer sinnvoll erscheinen, d.h. seinen intellektuellen Fähigkeiten, seiner weniger differenzierten Gefühlswelt, seiner geringeren manuellen Geschicklichkeit und mangelnder Koordinationsfähigkeit angepasst sein.[278]

Werden Kinder überfordert, können sie u.a. aggressiv werden (z. B. kann es vermehrt Wutanfälle bekommen, um seine eigene seelische Spannung zu verarbeiten), gegenüber den Ansprüchen der Eltern abstumpfen (es kann stumm und abgekapselt wirken) oder in einen Entwicklungsstreik treten, der sich bei Kindern mit einer geistigen Behinderung verheerender ausdrücken kann, als bei gesunden Kindern.[279] Die Gründe für falsche Erwartungen seitens der Eltern, die Kinder überfordern, können z. B. dadurch entstehen, dass Eltern über die Lernfähigkeit ihres Kindes nicht richtig informiert sind oder die geistige Behinderung nicht akzeptieren.

Die Eltern sollten beachten, dass in vielen so genannten Unarten der kindliche Betätigungsdrang steckt, der gestillt werden muss. Das Kind möchte sinnvoll beschäftigt werden, und es freut sich über jede Ermutigung und Lob.

Hinter scheinbar ziellosem Verhalten, motorischer Unruhe kann sich eine „gesunde Neugier" verbergen, gemäß dem Bedürfnis des Kindes, seine Umwelt zu entdecken.[280]

276 Vgl. ebenda, S. 138-139.
277 Vgl. von Hahn, Gustav-Peter, a.a.O., S. 91.
278 Vgl. Görres, Silvia, a.a.O., S. 65.
279 Vgl. ebenda, S. 66-67.
280 Vgl. ebenda, S. 65.

Zeigt das Kind für Außenstehende zunächst unbegreifbare Verhaltensweisen, sollten die Eltern versuchen, auf das Kind einzugehen, indem sie sich z. B. fragen:

Gibt es in der Familie zu viele laute Streitereien oder Spannungen? Wirken zu starke Einflüsse auf das Kind ein? Wird das Kind über- oder unterfordert? Fühlt es sich isoliert und nicht angenommen? Wie stehen die verschiedenen Bezugspersonen zu ihm? Was bringt das Verhalten für das Kind (z. B. kann es dadurch Aufmerksamkeit bekommen)?

Nur selten kann das Kind angemessen ausdrücken und seinen Eltern verdeutlichen, warum es ein bestimmtes Verhalten zeigt. Es ist besonders durch seine geistige Behinderung auf die Beobachtungen und das Einfühlungsvermögen seiner Eltern angewiesen.[281] In diesem Fall sind die Eltern gefordert, sich und/oder das unmittelbare soziale Umfeld des Kindes zu verändern, um einen hilfreichen Einfluss auf das Kind auszuüben. Auf diese Weise lernen die Eltern und das Kind besser miteinander zu leben.

Geht es darum, bestimmte Verhaltensweisen beim Kind zu ändern, so werden die Eltern in einer Vielzahl von Fällen herausfinden können, weshalb das Kind dieses Verhalten zeigt. Sie können feststellen, dass sie es selbst sein können (wie bereits erwähnt), die beim Kind diese Reaktionen hervorrufen. Sie ignorieren es z. B. wenn es brav ist, und schenken ihm Aufmerksamkeit, wenn es das Essen auf dem Boden wirft. Die Bezugspersonen sollten deshalb genau darauf achten, dass erwünschtes Verhalten belohnt wird und unerwünschtes Verhalten keinerlei Belohnung erhält.

Strafen können gerade für Kleinkinder mit geistiger Behinderung sehr verwirrend sein. Ein Problem kann z. B. sein, dass das Kind in einer bestimmten Situation neben dem unangemessenen Verhalten auch ein angemessenes Verhalten gezeigt haben kann. Das Kind kann aber aufgrund seines kognitiven Entwicklungsstandes nicht differenzieren, was gut an seinem Verhalten war bzw. was bestraft wird. Daher gilt folgender Grundsatz:

Es ist beinahe unmöglich für Eltern, in einem Augenblick von Bestrafung zu Belohnung zu wechseln; es ist viel leichter, von Nicht-Belohnen zum Belohnen überzugehen. Deshalb sollten erwünschte

281 Vgl. ebenda, S. 68-69.

Verhaltensweisen das richtige Maß an Lob erhalten und die besondere Betonung von Strafen vermieden werden.[282]

Bei der Einsetzung von Strafen als Erziehungsmittel gegenüber dem Kind sollte immer darauf geachtet werden, dass sie nur angebracht sind, wenn:

- *das Kind erkennen kann, dass es etwas Unerlaubtes getan und Schaden angerichtet hat (Kindern mit schwerer geistiger Behinderung fehlt dieses Einsichtsvermögen fast vollständig). Die Bestrafung soll unmittelbar nach der Tat erfolgen.*
- *Die Strafe muss angemessen sein und im einen richtigen Verhältnis zum unerwünschten Verhalten des Kindes stehen. Die Strafe darf niemals auf Einschränkungen und Verhaltensstörungen bezogen sein, die durch die spezifische Eigentümlichkeit der geistigen Behinderung bedingt sind.*
- *Selbstverständlich sind Formen körperlicher Bestrafung strikt abzulehnen.*
- *Strafe darf nie aufgrund unbeherrschten Zorns seitens der Eltern erfolgen. Angestaute Aggressionen der Eltern werden sich andere Ventile zur Entladung suchen oder es kommt zur plötzlichen Abreaktion dem Kind gegenüber, die viel schädlicher ist als eine angemessene Bestrafung des Kindes zur rechten Zeit.*[283]

Werden Kinder zu sehr verwöhnt, wird ihnen nichts abverlangt und werden ihnen ihre Grenzen nicht verdeutlicht, können sie zum „Tyrann der Familie"[284] werden. „Auch das geistig behinderte Kind weiß, wann und dass es lieb ist, und es will lieb sein. Es verlangt nach dem Guten, nicht nur um des Lobes und der Anerkennung willen, sondern weil es selbst auf seine Weise gut sein möchte, geliebt von denen, die es liebt."[285]

*e) Besonderheiten der sozialen Interaktion*

Die motorischen, sprachlichen, kognitiven Beeinträchtigungen des Kindes wirken sich auf sein Sozialverhalten aus.

282 Vgl. Newson Elizabeth/Hipgrave, Tony, a.a.O., S. 66-67.
283 Vgl. Görres, Silvia, a.a.O., S. 72-73.
284 Ebenda, S. 70.
285 Ebenda, S. 70.

Das Kind kann Auffälligkeiten in seinem Verhalten zeigen, wie z.B. keine Reaktion auf Ansprache seitens der Umgebung, geringeres Ausdrucksvermögen, Distanzlosigkeit, Gehemmtheit die es sozial auffällig machen.[286]

Daraus folgernd ist es unerlässlich, dass Personen, die mit dem Kind in Kontakt stehen, über sein Verhalten aufgeklärt werden. Auf diesem Wege bekommen sie die Möglichkeit, Ängste und Vorurteile gegenüber Menschen mit geistiger Behinderung abzubauen. Gleichzeitig können sie Verständnis und Sicherheit durch den Umgang miteinander erwerben.

Durch die Persönlichkeit seiner Bezugspersonen erhält das geistig beeinträchtigte Kind Vorbilder, von denen es Sozialverhalten vermittelt bekommt. Auch auf unsere Gesellschaft bezogen, ist es ein wichtiger Schritt, dass Menschen mit geistiger Behinderung und Menschen, die nicht behindert sind, den Umgang miteinander lernen. Unbefriedigende Kontakte lösen auf beiden Seiten die Vermeidung und den Rückzug von weiteren Kontakten aus.

Durch die Isolation „werden behinderten Menschen wesentliche Entwicklungschancen nicht gewährt, und zugleich erhält man die Voraussetzungen dafür aufrecht, dass sich gesellschaftlich tradierte Ängste, Vorurteile und abweisende Einstellungen der Nichtbehinderten gegenüber Behinderten immer wieder neu bilden, ohne Korrektur zu erhalten oder sich vielleicht sogar noch verstärken."[287]

Es ist keine Lösung, Kinder mit geistiger Behinderung zu isolieren. Sie benötigen für die Entwicklung ihres Sozialverhaltens auch gleichaltrige Spielpartner, die nicht behindert sind. Der Grundsatz sollte hier lauten: behinderte Kinder und nichtbehinderte Kinder spielen gemeinsam. Es ist festzuhalten, dass „Kinder in den ersten Lebensjahren Grunderfahrungen machen, aus denen sich ihre Einstellung zu sich selbst und gegenüber der Umwelt erst aufbaut."[288] Berührungsängste im Kontakt miteinander können nicht entstehen. Für die Kinder ist es normal, verschieden zu sein.

---

286 Vgl. Neise, Karl, a.a.O., S. 143.

287 Miedaner, Lore. Gemeinsame Erziehung behinderter und nichtbehinderter Kinder. 2. Aufl. München: DJI Verlag Deutsches Jugendinstitut, 1991, S. 23.

288 Ebenda, S. 11.

# 5. Die Geschwister von Kindern mit geistiger Behinderung

In den vorherigen Gliederungspunkten wurde die Situation der Eltern und ihr Umgang mit dem geistig behinderten Kleinkind behandelt. In diesem Abschnitt wird auf das Zusammenleben der Geschwister mit einem behinderten Kind sowie auf die Beziehung der Eltern zu ihren nichtbehinderten Kindern eingegangen.

Die geistige Behinderung eines Kindes in einer Familie beeinflusst die Situation der restlichen Geschwister in der Familie. Wie diese sich im Einzelnen gestaltet, hängt von einer Vielzahl von Komponenten ab: wie die Eltern selbst die Behinderung ihres Kindes verarbeitet haben und damit umgehen, vom individuellen Erscheinungsbild, sowie Schweregrad der geistigen Behinderung, dem gesamten „Familienklima", der Zufriedenheit der Eltern in ihrer Lebensgestaltung, der finanziellen Lage der Familie, der Art und Weise ihrer Einbettung in das soziale Umfeld, der Geschwisterkonstellation (Gesamtzahl der Kinder, Altersabstand zwischen den Geschwistern, an welcher Stelle das Kind mit der geistigen Behinderung in der Geschwisterreihe steht) etc..

„So wie Vater und Mutter ihrem behinderten Kind gegenüberstehen, wie sie es annehmen oder ablehnen, ihm warmherzig, selbstverständlich oder übertrieben besorgt und wehleidig, aggressiv und verstört oder hilflos und verlegen begegnen, so werden es auch ihre gesunden Kinder tun."[289] Durch die Annahme des behinderten Kindes durch die Eltern und seine Geschwister bleibt das familiäre Gleichgewicht für alle Familienmitglieder erhalten.

Es ist normal, dass es in allen Geschwisterbeziehungen zu Konflikten und Reibungspunkten kommt. Reibungsbereiche können z. B. sein: Rivalität um die elterliche Zuwendung, Streben nach Anerkennung durch den Bruder und/oder der Schwester und das Erobern und Erhalten von Machtpositionen in der Geschwisterreihe.[290] Andererseits versuchen Geschwister z. B. durch ihren Zusammenhalt Pluspunkte bei den Eltern zu erreichen, sind füreinander da und trösten sich gegenseitig. Dennoch stellt das Zusammenleben mit einem geistig be-

289 Görres, Silvia, a.a.O., S. 43.

290 Vgl. Achilles, Ilse. "...und um mich kümmert sich keiner!". Die Situation der Geschwister behinderter und chronisch kranker Kinder. München, Basel: Ernst Reinhardt Verlag, 2002, S. 18

hinderten Kind eine besondere Herausforderung für die Eltern sowie die Geschwister dar. Auf einige Aspekte wird an dieser Stelle kurz eingegangen.

Das Zusammenleben mit einem geistig beeinträchtigten Kind in der Familie kann negative und positive Auswirkungen auf seine Geschwister haben.

Eine Belastung für die Geschwister, die nicht behindert sind, kann u.a. in folgenden Bereichen entstehen:

- die Geschwister müssen sich früh mit menschlichen Schwächen und Unvermögen auseinandersetzen (das kann sie psychisch überfordern, sie müssen oft früh Rücksicht nehmen, Verantwortung übernehmen)
- es ist unvermeidbar, dass sie von konkreten Einschränkungen und praktischen Belastungen mitbetroffen sind (ist die Mutter z. B. mit der geistigen Behinderungen ihres einen Kindes überfordert kann dies zur Folge haben, dass sie sich um die nichtbehinderten Geschwister zu wenig kümmert und diese sich vernachlässigt fühlen, oder sie werden so stark in die Betreuung ihres behinderten Geschwister mit einbezogen, dass ihre eigenen Bedürfnisse zu kurz kommen)
- die Belastung der Eltern durch die Behinderung eines Kindes kann die Beziehung zu ihren weiteren Kindern wesentlich beeinflussen (z. B. durch überhöhte Erwartungen an das nichtbehinderte Kind, da dies einen Ausgleich zu der Leistungsschwäche des anderen Kindes darstellen soll: „wenigstens du solltest...")
- die Geschwister stehen im Zwiespalt der familiären Norm, das behinderte Kind zu lieben sowie zu akzeptieren, und den ihnen vielerorts begegnenden gesellschaftlichen Normen, die von Abgrenzung bis hin zur Ablehnung behinderter Menschen reichen (dies kann auch negative Auswirkungen auf die Knüpfung von Sozialkontakten haben, indem sich z. B. die nichtbehinderten Geschwister von Freunden nicht gerne zu Hause besuchen lassen)[291]

---

291 Vgl. Bundesvereinigung Lebenshilfe für geistig Behinderte e.V. (Hrsg.). Geschwister geistig Behinderter. 2. Aufl. Marburg/Lahn: Lebenshilfe-Verlag (Kleine Schriftenreihe/Bundesvereinigung Lebenshilfe für geistig Behinderte e.V., Bd. 6), 1987, S. 6-7.

- es können psychische Spannungen bei den nichtbehinderten Geschwistern entstehen, weil sie negative Gefühle, wie z. B. Eifersucht gegenüber dem beeinträchtigten Kind zurückhalten, Rivalitäten ihnen verboten werden, wobei es um Durchsetzungsvermögen, Konkurrenzverhalten, Identitätsfindung geht; oder es dürfen Aggressionen nicht ausgelebt werden (die Geschwister lernen folglich nicht, Aggressionen offen zum Ausdruck zu bringen, was als bedenklich zu werten ist)[292]
- durch die unterdrückten Aggressionen gegenüber dem behinderten Kind können bei den Geschwistern (wie bei den Eltern) Schuldgefühle entstehen, für die sie sich schämen
- die nichtbehinderten Geschwister können weniger Zugang zu den Eltern bekommen, weil die Eltern viel Zeit, Aufmerksamkeit, Fürsorge dem beeinträchtigten Kind schenken (u.a. auch durch aufwendige Förderungsprogramme), und sie dabei ihre anderen Kinder vernachlässigen
- sie erleben die Geschwisterreihe anders (z. B. haben sie einen großen Bruder, der trotzdem keiner ist, da er sich aufgrund seiner geistigen Behinderung nicht so verhält)
- sie werden die Angst nicht los, selbst mit der Behinderung konfrontiert zu werden (z. B. bei einem Geschwister mit Trisomie 21 kommen Fragen auf, ob die Veranlagung dazu auch in den eigenen Genen liegt, und ob eine erhöhte Gefahr für die Behinderung bei eigenen Kindern zu befürchten ist)[293]

Daraus folgend können die Geschwister u.a. mit Verhaltensstörungen, Depressionen, Aggressionen, schulischen Problemen reagieren.[294] Hier sind spezielle Hilfen für die Geschwister (z. B. durch Spieltherapie) sowie für die ganze Familie (z. B. Erziehungsberatungsstelle) sinnvoll.

Neben der Gefahr von negativen Entwicklungsverläufen in der Familie ist es unerlässlich, auf die positiven Entwicklungsmöglichkeiten innerhalb der Familie hinzuweisen.

---

292 Vgl. Hackenberg, Waltraud. Geschwister behinderter Kinder - Risiken und Chancen für ihre Entwicklung. In: Vereinigung für Interdisziplinäre Frühförderung e.V., a.a.O., S. 70-71.

293 Vgl. Achilles, Ilse, a.a.O., S. 42-49.

294 Vgl. Wendeler, Jürgen. Geistige Behinderung: Normalisierung und soziale Abhängigkeit, a.a.O., S. 29.

Ein geistig behindertes Kind kann u.a. positive Auswirkungen auf die psycho-soziale Entwicklung seiner nichtbehinderten Geschwister haben. Es können das Sozialverhalten, das Verantwortungsbewusstsein, die Persönlichkeitsreifung gefördert werden. Geschwister von geistig beeinträchtigten Kindern können z.B. mit dem erweiterten Bewusstsein von Humanität und Solidarität heranwachsen. In ihrem Menschenbild ist ein Platz für Menschen mit geistiger Behinderung. Sie können demnach eine Toleranz gegenüber Abweichungen von den gültigen Normen und Werten für sich einräumen.

Es kommt vor, dass Geschwister von Kindern mit geistiger Behinderung später berichten, „das gemeinsame Leben mit einem behinderten Geschwister sei eine positive Erfahrung gewesen. Sie waren verständnisvoller und geduldiger als Gleichaltrige, distanzierten sich mehr als diese von gängigen Vorurteilen und waren sich des Wertes der eigenen Gesundheit und Intelligenz eher bewusst."[295]

Die Eltern können u.a. weniger dazu verleitet werden, ihr behindertes Kind zu sehr zu verwöhnen und sich von ihrem sozialen Umfeld abzukapseln.

295 Ebenda, S. 29.

# 6. Die soziale Akzeptanz der geistigen Behinderung

Die meisten Menschen können sich in der Öffentlichkeit problemlos und unauffällig bewegen, da sie gemäß ihres Aussehens und ihres Verhaltens der Norm der Gesellschaft entsprechen. „Beim flüchtigen Vorübergehen signalisiert unser Unterbewusstsein „keine besonderen Kennzeichen". Niemand dreht den Kopf herum. Der Einzelne geht unter in der Masse."[296] Anders ist dies, wenn sich Eltern mit einem behinderten Kind in der Öffentlichkeit bewegen.

„Behinderte Kinder und ihre Eltern stören. Sie passen nicht in unser Bild von Gesundheit und Harmonie und lösen deshalb Unsicherheiten und Aggressionen aus."[297] Sozialpsychologischen Forschungsergebnissen und Aussagen von betroffenen Eltern kann entnommen werden, dass sie mit einer Vielzahl von negativen Reaktionen seitens ihres sozialen Umfeldes konfrontiert werden.

Daraus folgernd ist es notwendig, auf die soziale Akzeptanz geistiger Behinderungen in unserer Gesellschaft näher einzugehen.

## 6.1 Die soziale Akzeptanz der geistigen Behinderung bei Eltern von betroffenen Kindern

„Da die Eltern Teil der sozialen Umgebung und der Gesellschaft sind, unterscheidet sich ihre Grundhaltung der Behinderung gegenüber zunächst nicht wesentlich von der diesbezüglichen Einstellung ihrer Beziehungspersonen"[298].

Im Laufe des Lernprozesses der Krisenverarbeitung (vgl. Gliederungspunkt 3.2.2) setzen sich die Eltern mit der geistigen Behinderung ihres Kindes auseinander. Diesbezüglich gilt zu betonen: „Die Reaktionsformen der Eltern werden von Einstellung und Verhalten der Angehörigen, Freunde und Bekannten, der Fachleute und anderer betroffener Eltern sowie fremder Personen stark mitbestimmt."[299] Demzufolge sind wir alle als Teil unserer Gesellschaft gefordert, uns mit unseren eigenen Einstellungen und Verhalten selbstkritisch aus-

296 Beuys, Barbara, a.a.O., S. 89.
297 Ebenda, S. 88.
298 Hinze, Dieter. Väter und Mütter behinderter Kinder, a.a.O., S. 15.
299 Ebenda, S. 15.

einanderzusetzen, um zur gesellschaftlichen Anerkennung und sozialen Unterstützung der betroffenen Eltern beizutragen.

Bei unangemessener Krisenverarbeitung durchlaufen die Eltern den Lernprozess der Krisenverarbeitung nur lückenhaft und unvollständig (vgl. Gliederungspunkt 3.2.2). Demzufolge lernen die Eltern nicht ihr Kind anzunehmen, was zur Folge haben kann, dass Eltern mit ihren Kindern in die soziale Isolation verfallen.

„Sie gehen in die selbstgewählte Isolation, lassen ihre außerfamiliären Sozialbeziehungen austrocknen. Hilfs- und Kontaktangebote werden zurückgewiesen, weil sie vielleicht doch nur die Befriedigung nachbarlicher Neugier zum Ziel haben."[300] Dabei kann es geschehen, dass dem sozialen Umfeld in einem überhöhten Maße Missgunst und Boshaftigkeit unterstellt werden. Es kann vorkommen, dass Eltern ihr geistig behindertes Kleinkind vor der Umgebung verstecken, oder dass sie mit allen Mitteln versuchen, den Entwicklungsrückstand ihres Kindes zu vertuschen (beispielsweise durch die Angabe eines falschen Lebensalters ihres Kindes).[301]

Silvia Görres schreibt über die Isolation von Eltern: „Es gibt auch Eltern, die die Behinderung eines Kindes als Vorwand benutzen, um sich zu verkriechen, eigenen Isolierungsbedürfnissen nachzugeben, die aus Kontaktscheu und unverarbeiteten Kindheitsängsten ein krankes Kind zum Anlass nehmen, sich der Auseinandersetzung mit der Umwelt zu entziehen."[302]

Für die Kinder kann dies enorme Auswirkungen haben, wie z. B. auf ihr Sozialverhalten. Sie können ihre Familie als Ghetto erleben, aus dem sie nur schwer oder gar nicht entkommen können. Von dieser Isolierungstendenz der Eltern können die nichtbehinderten Kinder genauso betroffen sein wie die geistig behinderten Kinder. Die Eltern sind hier gefordert, eigene Gemeinschaftsfähigkeit aufzubauen, da sie sonst unfähig bleiben, die Bedürfnisse ihrer Kinder nach Sozialkontakten außerhalb der Familie zu erfüllen.

300 Hensle, Ulrich, a.a.O., S. 236.
301 Vgl. ebenda, S. 236.
302 Görres, Silvia, a.a.O., S. 56.

Gelingt den Eltern eine angemessene Krisenverarbeitung, haben sie gelernt, ihr Kind, das geistig behindert ist, anzunehmen, können sie eine soziale Integration erfahren (vgl. Gliederungspunkt 3.2.2).

Die Behinderung kann für die Eltern einen Sinn bekommen und ihr Leben positiv verändern. „Die Enttäuschung grundlegender Wünsche, Wertvorstellungen und Lebensziele schafft zugleich auch die Möglichkeit, neue Bedürfnisse und Einstellungen zu entwickeln. Die Belastung durch die Behinderung kann zugleich auch bislang ungeahnte Kräfte und Fähigkeiten mobilisieren. Das Zurückgeworfensein auf sich kann zum Ausgangspunkt für ein solidarisches Gemeinschaftsleben in und außerhalb der Familie werden."[303]

Anschließend wird dem Leser ein Einblick in die Sozialpsychologie und Sozialforschung gegeben. Dabei wird u.a. auf das soziale Umfeld eingegangen, das auf die Eltern einwirkt und ihren Lernprozess der Krisenverarbeitung grundlegend beeinflusst.

## 6.2 Einblicke in die Sozialpsychologie und Sozialforschung

Die Analyse von Einstellungen und Verhalten gegenüber Menschen mit Behinderung ist ein Thema der sozialpsychologischen Forschung. „Das soziale Feld zwischen Behinderten und Nichtbehinderten wird erkundet und beschrieben."[304]

Aufgrund der Komplexität der Untersuchungen, Ergebnisse, Konzepte und Perspektiven der sozialpsychologischen Forschung kann nur ein kleiner Bruchteil davon in diesem Buch herausgegriffen werden. An dieser Stelle ist ein Vermerk auf weiterführende Literatur erforderlich. Empfehlenswerte Bücher, wie z. B. „Einstellungen und Verhalten gegenüber Behinderten"[305], „Einstellung und Verhalten gegenüber

303 Hinze, Dieter. Väter und Mütter behinderter Kinder, a.a.O., S. 15.

304 Hensle, Ulrich, a.a.O., S. 195.

305 Tröster, Heinrich. Einstellungen und Verhalten gegenüber Behinderten. 1. Aufl. Bern: Verlag Hans Huber, 1990.

Behinderten"[306], „Soziologie der Behinderten"[307], „Sozialpsychologie"[308], „Sozialpsychologie"[309] geben interessierten Lesern wissenschaftlich fundierte Auskunft über das Gebiet der Sozialpsychologie und Sozialforschung.

„Die Einstellungsforschung in Bezug auf Menschen mit Behinderungen hatte ihren Höhepunkt vor ein bis zwei Jahrzehnten. Ein Überblick über den in den 80er Jahren erreichten Forschungsstand ergibt folgendes: In der deutschsprachigen wissenschaftlichen Literatur wird fast durchgehend davon ausgegangen, dass Menschen mit Behinderungen in der Öffentlichkeit Ablehnung erfahren."[310] Hier existieren z. B. Untersuchungen von Jansen (1972), Jäckel & Wieser (1970), v. Bracken (1976), Cloerkes (1985).[311] In diesem Buch werden einige Ergebnisse aus der Untersuchung von Helmut von Bracken herausgegriffen, der sich u.a. speziell mit den Vorurteilen in der Bevölkerung gegenüber Kindern mit geistiger Behinderung und ihren Eltern befasst.

In seiner Studie hat er 1000 für die Gesamtbevölkerung repräsentative Respondenten, 100 Lehrer allgemeiner Schulen und 100 Eltern geistig behinderter Kinder befragt.[312]

Zusammengefasst kam er im Bezug auf Vorurteile in der Bevölkerung gegenüber Kindern mit geistiger Behinderung u.a. auf folgende Ergebnisse:

a) Im Bezug auf Gefühle gegenüber Kindern, die geistig behindert sind:

---

306 Cloerkes, Günther. Einstellung und Verhalten gegenüber Behinderten. 3. Aufl. Berlin: Carl Marhold Verlagsbuchhandlung, 1985.

307 Cloerkes, Günther:. Soziologie der Behinderten. Eine Einführung. 3., neu bearb. und erw. Aufl. Heidelberg: Universitätsverlag Winter, 2007.

308 Güttler, Peter O. Sozialpsychologie. 4. Aufl. München: R. Oldenbourg Verlag GmbH, 2003.

309 Stroebe, Wolfgang/ Jonas Klaus/Hewstone Miles (Hrsg.). Sozialpsychologie. 5. Aufl. Heidelberg: Springer Medizin Verlag, 2007.

310 Klauß, Theo. Ist Integration leichter geworden? Zur Veränderung von Einstellungen für die Realisierung von Leitideen. In: Bundesvereinigung Lebenshilfe für geistig Behinderte e.V. (Hrsg.). Geistige Behinderung. Fachzeitschrift der Bundesvereinigung Lebenshilfe für geistig Behinderte. Marburg: Lebenshilfe-Verlag, 1/1996, S. 56.

311 Vgl. ebenda, S. 56.

312 Vgl. Hensle, Ulrich, a.a.O., S. 114-115.

*„Zusammenfassend lässt sich also sagen, dass zwar alle Respondenten Mitleid bejahten, dass aber auch Gefühle der Unsicherheit, der Andersartigkeit und der Neugierde erheblichen Teilen der Respondenten nicht fern lagen. Vielen Respondenten kamen geistig behinderte Kinder unheimlich vor; sie weckten Entsetzen und Grauen. Beinahe die Hälfte verneinte keineswegs entschieden Gefühle der Ablehnung.“*[313]

b) Im Bezug auf die soziale Distanz:

*1. Es würde ein Drittel der befragten Bevölkerung stören, einem geistig behinderten Kind täglich zu begegnen; die Hälfte würde es sogar nicht gern sehen, dass in der unmittelbaren Nachbarschaft ein Heim für geistig behinderte Kinder errichtet würde.*

*2. Zwei Drittel der befragten Bevölkerung halten es für besser, dass geistig behinderte Kinder in einem Heim aufwachsen. Anstalten sollten mehr in entlegenen, abgeschiedenen Orten gebaut werden.*

*3. Die modernen Bestrebungen, geistig behinderte Kinder entweder in ihrer Familie oder in möglichst nahem Kontakt zu ihrer Familie aufwachsen zu lassen, finden in der Bevölkerung also noch wenig Gegenliebe.*

*4. Die Ansichten der befragten Bevölkerung, bestätigen die große soziale Distanz der Bevölkerung gegenüber Kindern mit geistiger Behinderung und bilden damit neue Belege für die starken Vorurteile gegen diese Kinder.*[314]

c) Darüber hinaus wurden noch weitere Feststellungen getroffen:

*1. Nicht nur die Kinder mit geistiger Behinderung selbst, sondern auch ihre Eltern und Familien sind Opfer von belastenden Vorurteilen.*

*2. Geradezu abergläubische Vorstellungen herrschen über die Schuld der Eltern an der geistigen Behinderung ihres Kindes.*

*3. Moderne Vorstellungen über die Unterbringung von Kinder mit geistiger Behinderung finden noch relativ wenig Anklang. Dieser Umstand spricht auch für Vorurteile gegen Einrichtungen, in de-*

313 Von Bracken, Helmut. Vorurteile gegen behinderte Kinder, ihre Familien und Schulen. 2. Aufl. Berlin: Carl Marhold Verlagsbuchhandlung, 1981, S. 68.

314 Vgl. ebenda, S. 82.

*nen Kinder mit geistiger Behinderung untergebracht, erzogen und unterrichtet werden.*

*4. Wichtig ist schließlich ein gefährliches Informationsdefizit.*[315]

Denken und fühlen alle Kreise der Bevölkerung in gleicher Weise über Kinder mit geistiger Behinderung? Dazu ist anzumerken, dass es Vorurteils-Unterschiede nach Bevölkerungs-Gruppen gibt. Die Bevölkerungs-Gruppen wurden aufgeteilt nach Bundesländer-Gruppen, Wohnort-Größe, Lebensalter, Schulbildung, Stellung im Beruf, Konfession, Geschlecht, Familienstand, dem Vorhandensein von eigenen Kindern und danach, ob ein Kind mit geistiger Behinderung persönlich bekannt ist.[316]

Nachdem einige Forschungsergebnisse aus der Untersuchung von Helmut von Bracken vorgestellt wurden, stellt sich die Frage, ob Anhaltspunkte dafür gegeben sind, ob die ermittelten Untersuchungsergebnisse heute ähnlich oder anders aussehen. „Im folgenden soll begründet werden, dass es Indizien für einen feststellbaren Veränderungsprozess der allgemeinen Einstellung gegenüber Menschen mit geistiger Behinderung in den letzten Jahrzehnten gibt, die allerdings in ihrer Beweiskraft noch nicht über begründete Hypothesen hinausgehen können und zu einer gründlicheren empirischen Befassung mit der Fragestellung anregen sollen."[317]

Bei der Überprüfung einiger Untersuchungsergebnisse von Helmut von Bracken stellt Theo Klauß vier Hypothesen auf:

- Hypothese I: Verhaltenstendenzen und Eigenschaftszuschreibungen gegenüber Menschen mit geistiger Behinderung haben sich kaum verändert
- Hypothese II: Das Wissen über die Ursachen von geistiger Behinderung hat zugenommen
- Hypothese III: Das Ansehen der betroffenen Familien hat sich eher verschlechtert
- Hypothese IV: Toleranz hat zugenommen[318]

---

315 Vgl. ebenda, S. 85.
316 Vgl. ebenda, S. 86-96.
317 Klauß, Theo, a.a.O., S. 58.
318 Vgl. Klauß, Theo, a.a.O., S. 59-61

Theo Klauß bewertet die Ergebnisse der Nachbefragung folgendermaßen:

> *„Die vorgestellten Ergebnisse lassen die Formulierung der Hypothese zu, dass die Anwesenheit von Menschen mit geistiger Behinderung in der näheren Umgebung heute mehr als vor zwei Jahrzehnten toleriert wird und dass das Wissen über sie zugenommen hat."*[319]

Zurückzuführen ist diese Veränderung wohl auf Einflüsse der Medien und auf die faktische sozialpolitische Entwicklung. Geistig behinderte Kinder leben heute vorwiegend in ihren Herkunftsfamilien und nehmen Förderangebote war, während sie vor zwei bis drei Jahrzehnten lediglich in zentralen Großeinrichtungen untergebracht waren.[320]

Weiterhin schreibt er:

> *„Diese Entwicklung ist jedoch kein einheitlicher Prozess, der sich gleichermaßen auf alle Aspekte bezieht, die an einer komplexen Einstellung beteiligt sind. Verändertes Wissen und eine größere Bereitschaft, sie im Lebensumfeld zuzulassen, bedeutet noch keineswegs, dass Menschen mit Behinderungen und ihre Familien unbedingt positiver gesehen werden, im Gegenteil. Die Vermutung, dass Familien mit geistig behinderten Angehörigen negativ angesehen werden, hat zugenommen."*[321]

Möglicherweise lässt sich der Widerspruch so aufklären, dass die gesellschaftliche Entwicklung offenbar zu einer Form der Individualisierung führt, die bewirkt, dass man behinderte Menschen neben sich duldet, ohne dass man wirkliches Interesse an ihnen hat.[322]

Für die Entstehung sozialer Distanz und diskriminierender Verhaltensweisen der Bevölkerung gegenüber Familien mit einem Kind, das geistig behindert ist, können u.a. Informationsdefizite über Entstehungsbedingungen und Auswirkungen geistiger Behinderung, verbunden mit einem allgemeinen Profit- und Rentabilitätsdenken, ebenso wie die lange geübte Praxis der Anstaltsversorgung ausschlag-

---

319 Ebenda, S. 62.
320 Vgl. ebenda, S. 62.
321 Ebenda, S. 62.
322 Vgl. ebenda, S. 62.

gebend sein.[323] Menschen, die nicht behindert sind, verschließen sich der Möglichkeit, Erfahrungen mit geistig behinderten Menschen zu sammeln, weil begehrenswerte Kontakte von gesellschaftlichen Normen und Werten anders definiert werden.

Dabei ist zu berücksichtigen, dass die Einstellungen der Bevölkerung gegenüber den verschiedenen Arten von Behinderung differenziert werden müssen. Es wird hier von einer „Behindertenhierarchie"[324] gesprochen. „Als am schwersten für die Mitmenschen wird durchgängig die geistige Behinderung angesehen"[325]. Zudem bleibt festzuhalten, „dass Eltern leicht geistig behinderter Kinder, die gleichzeitig durch ihr Verhalten auffallen, Reaktionen der Öffentlichkeit als besonders schwierig erleben. Weil ihren Kindern die geistige Behinderung nicht direkt anzusehen ist, werden sie am ehesten für das auffallende Verhalten ihres Kindes verantwortlich gemacht."[326]

Es ist nicht nur ein Unterschied in den Einstellungen der Menschen aufgrund der Behindertenhierarchie festzustellen, sondern auch auf verschiedenen Ebenen des sozialen Umfeldes.

„Die Reaktionen der sozialen Umwelt lassen sich auf verschiedenen Ebenen analysieren."[327] So kann der Frage nachgegangen werden, wie staatliche Institutionen oder gesellschaftliche Organisationen wie beispielsweise Gerichte, Behörden, Verbände oder Kirchen mit betroffenen Kindern und ihren Eltern umgehen. Eine andere Perspektive bietet u.a. die Beschäftigung damit, wie in Massenmedien oder in der Literatur die Stellung von Kindern mit geistiger Beeinträchtigung und ihren Familien beschrieben wird. Es kann auch die Position von Menschen mit Behinderung in verschiedenen Gesellschaften und Kulturen miteinander verglichen werden.[328]

Eine vergleichende Analyse ethnologischer Studien über Behinderung und Menschen mit Behinderung in verschiedenen Kulturen bietet das Buch „Behinderung und Behinderte in verschiedenen Kulturen"[329].

---

323 Vgl. Mühl, Heinz, a.a.O., S. 38-39.
324 Vgl. Hensle, Ulrich, a.a.O., S. 205.
325 Ebenda, S. 204.
326 Klauß, Theo, a.a.O., S. 57.
327 Tröster, Heinrich, a.a.O., S. 11.
328 Vgl. ebenda, S. 11.
329 Neubert, Dieter/Cloerkes, Günther. Behinderung und Behinderte in verschiedenen Kulturen. Heidelberg: Heidelberger Verlagsanstalt und Drucke-

Aufgrund der erschreckend negativen Ergebnisse über die Einstellungen in der Bevölkerung gegenüber Kindern mit geistiger Behinderung und ihren Eltern bleibt festzuhalten, dass bei professioneller Hilfe, die den Eltern zur Verfügung steht, die gesellschaftlichen Bezüge eine wichtige Rolle spielen müssen, welche die Eltern im starken Maße bei ihrem Lernprozess der Krisenverarbeitung belasten können. Es wird deutlich, dass nicht nur familienbezogene Hilfen von Bedeutung sind, sondern auch Öffentlichkeitsarbeit in der Bevölkerung und sozialpolitisches Engagement, um die Situation von Eltern und ihrem behinderten Kind in unserer Gesellschaft zu verbessern.

Wie bereits erwähnt, entstammen die bisher aufgeführten Untersuchungen hauptsächlich aus einer Zeit, als die Einstellungsforschung ihren Höhepunkt hatte. Hinzuzufügen sind aktuelle gesellschaftliche Bestrebungen als mögliche Zeichen einer sich langsam verändernden Einstellungsstruktur. Dazu gehören u.a. die gemeinsame Erziehung und Bildung von Kindern mit sowie ohne Behinderungen, die Emanzipation der Behindertenbewegungen (z.B. Elternvereinigungen) und der erlassene Zusatz im §3 GG.

Um Familien mit einem geistig beeinträchtigten Kind verstehen zu können, „muss immer bewusst bleiben, dass die Familie als Subsystem umfassenderer Systeme in ständigen Austauschbeziehungen zur extrafamilialen Umwelt steht, d.h. ständig von ihr Impulse empfängt und umgekehrt solche aussendet."[330] Negative Einstellungen und diskriminierende Verhaltensweisen gegenüber von Familien mit einem behinderten Kind können bei den Eltern zu einer sozial-interaktionalen Verunsicherung gegenüber ihrem sozialen Umfeld, zu Spannungen in sozialen Kontakten, zu einem Rückzug aus der Öffentlichkeit führen. Weiterhin können negative Einstellungen den Eltern die emotionale Bindung zu ihrem Kind erschweren und sie an einer echten Akzeptanz gegenüber der Eigenart ihres Kindes hindern. Es können Hilfen für die Eltern scheitern, da sozialen Einflüssen zu wenig Bedeutung beigemessen wird. Im nächsten Gliederungspunkt wird anhand von Elternaussagen verdeutlicht, welche Erfahrungen die Eltern von behinderten Kindern mit ihrem sozialen Umfeld gemacht haben.

rei GmbH - Edition Schindele, 1987.

330 Schubert, Maria Theresia, a.a.O., S. 13.

## 6.3 Erfahrungen aus der Sicht der Eltern

Zu den Ängsten und Abwehrreaktionen der Eltern tritt das Bewusstsein auf, dass ihr Kind, selbst wenn es von ihnen angenommen werden kann, von der weiteren Familie und von der Gesellschaft noch lange nicht akzeptiert wird. „Die Ausgrenzungsbestrebungen bestehen gegenüber jeder Form von angeborener Behinderung, ganz besonders aber gegenüber einer geistigen Behinderung."[331]

Eltern von betroffenen Kindern bekommen in ihrem Alltag mit dem Kind die Reaktionen des sozialen Umfeldes auf die geistige Behinderung ihres Kindes immer wieder aufs Neue zu spüren. Negative Reaktionen belasten die Eltern in ihrer schwierigen Situation zusätzlich, lassen sie mit ihren Ängsten und Nöten alleine, machen sie müde, belasten die emotionale Bindung zu ihrem Kind, hindern sie an einem angemessenen Lernprozess der Krisenverarbeitung, können sie in die soziale Isolation schieben. Positive Reaktionen können die Eltern aufbauen, ihr Selbstbewusstsein stärken, neue Kraft schöpfen lassen, fördern ihre Integration in die Gesellschaft, begleiten sie unterstützend in ihrem Lernprozess der Krisenverarbeitung (vgl. Gliederungspunkt 3.2.2).

Ein Vater schildert seine Erfahrungen, die er mit dem sozialen Umfeld gemacht hat:

> *„Anfangs war es die Beeinträchtigung unseres Sohnes, die uns lähmte. Daraus wurde langsam das Bewusstsein, damit alleingelassen zu sein, den Verlust von Freunden zur Kenntnis zu nehmen und auch anfängliche Reserviertheit innerhalb der Verwandtschaft hinzunehmen, ohne selbst eine Enttäuschung erkennen zu lassen."*[332]

Aufgrund der Ergebnisse der sozialpsychologischen Forschung und der Aussagen von Eltern, die mit einem geistig behinderten Kind zusammenleben, kann davon ausgegangen werden, dass Eltern mit einer Vielzahl von negativen Reaktionen seitens des sozialen Umfeldes konfrontiert werden. Zu dem sozialen Umfeld der Eltern werden Ver-

---

331 Lempp, Reinhard/Lempp Franziska, a.a.O., S. 33.

332 Spanier, Hans-Peter. Till-Philipp oder Das Recht auf Normalität. Heidelberg: Universitätsverlag C. Winter Heidelberg GmbH - Programm „Edition Schindele", 1995, S. 26.

wandte, Nachbarn, Freunde und fremde Personen, mit denen sie in Kontakt treten, gezählt.

Verwandte wollen die geistige Beeinträchtigung des Kindes nicht wahrhaben, können sie nicht verstehen und akzeptieren. Ein Elternteil berichtet über die Großeltern ihres Kindes:

> *„Sie sind lieb, wollen es jedoch nicht wahrhaben. Wenn wir telefonieren, fragen sie plötzlich: Läuft er jetzt? Spricht er jetzt? Dann weiß ich wieder, wie weit weg sie von allem sind."*[333]

Eine andere Mutter schildert die erlebte Gedankenlosigkeit angesichts ihrer Situation:

> *„Die meisten im Betrieb fragen nie. Es gibt keinerlei Interesse für mein Kind. Die Kollegen haben alle gesunde Kinder und Familien, in denen alles wunderbar funktioniert. Dann erzählen sie mir, wie gut ihre eigenen Kinder laufen lernen. Manchmal kann ich es nicht mehr hören."*[334]

Es gibt Beziehungen, die kommen aus diesen anfänglichen Spannungen nie heraus. Ein Elternteil legt dar:

> *„Neulich rief meine Mutter an und sagte: „Du bist zu bedauern. Du hast so ein schweres Schicksal." Da wäre ich am liebsten explodiert. „Was soll das?" habe ich ihr gesagt. „Das mache ich nicht seit gestern, sondern seit vierzehn Jahren. Ich muss damit leben und meine Familie auch. Und wir sind trotzdem glücklich."*[335]

Es ist für Eltern belastend, wenn das soziale Umfeld für ihre Situation kein Verständnis zeigt und die Eltern mit ihren Problemen alleine gelassen werden. Es kann auch vorkommen, dass Eltern gut gemeinte Ratschläge gegeben werden oder sogar Vorwürfe und Schuldzuweisungen bezüglich der geistigen Behinderung ihres Kindes gemacht werden (z. B.: „das Kind ist anders, weil es falsch erzogen wird").

Zeigen sich Eltern mit ihrem geistig beeinträchtigten Kind in der Öffentlichkeit, so kann sie das Überwindung kosten und mit Ängsten

---

333 Beuys, Barbara, a.a.O., S. 47.
334 Ebenda, S. 90.
335 Ebenda, S. 46-47.

verbunden sein. Sie fürchten sich vor diskriminierenden Verhaltensweisen ihrer Mitmenschen. Oft schämen sie sich, und es ist ihnen peinlich, weil sie prüfend betrachtet oder aufgrund der Eigenart ihres Kindes angesprochen werden.

Eine weitere Rolle, warum sich Eltern mit ihrem behinderten Kind isolieren, spielt auch „die Angst vor gewalttätigen Übergriffen „normaler“ Mitmenschen“[336]. Diese Ängste der Eltern zeigen in erster Linie das Defizit im sozialen Verhalten von Menschen auf, die nicht behindert sind.

Ein Elternteil berichtet über Erfahrungen mit seiner Umwelt:

> *„Es ist wirklich schwierig, ein behindertes Kind zu haben, weil es so schwer ist, der Umwelt gegenüberzutreten, ohne Schaden zu nehmen. Man wird abfällig betrachtet, hinter dem Rücken wird getuschelt. Es ist sehr schwer, sich normal zu verhalten. Es gehören Selbstbewusstsein und Aufgeklärtheit dazu. Ich konnte es nicht von Anfang an und habe es erst lernen müssen. Viele Eltern schaffen es nicht.“*[337]

Ein Vater reflektiert:

> *„Es sind stets die unangenehmen Erlebnisse, die sich in das Gedächtnis eingraben. Es gibt natürlich auch angenehme Situationen. Wenn wir z. B. Bekannte trafen, die sich unseren Sohn anschauten, wie man sich eben ein Baby anschaut, und uns dann das Gefühl zu vermitteln wussten, dass es unser Fleisch und Blut ist, was da im Kinderwagen liegt, und das uns zu dem Stolz berechtigt, den die Eltern als natürliche Reaktion auf ihren Nachwuchs erfahren. Es war aber selten, eigentlich viel zu selten.“*[338]

Mit der Zeit kann es den Betroffenen gelingen, sich nach der ersten Sprachlosigkeit und Hilflosigkeit gegenüber den Reaktionen des sozialen Umfeldes zu wehren. Sie ändern durch die Konfrontation mit der geistigen Behinderung des Kindes ihre eigenen Einstellungen und

---

336 Wendeler, Jürgen. Geistige Behinderung: Normalisierung und soziale Abhängigkeit, a.a.O., S. 36.
337 Beuys, Barbara, a.a.O., S. 87.
338 Spanier, Hans-Peter, a.a.O., S. 125.

ihr Verhalten. „Auch im Verhältnis zur Umwelt durchlaufen Eltern behinderter Kinder einen Lernprozess."[339]

Eine Mutter berichtet über ihren Lernprozess:

> *„Am Anfang habe ich weggesehen, wenn ich mit meiner Tochter angestarrt wurde. Ich habe geschwiegen, wenn ich gedutzt oder herabgesetzt wurde, nur aus der Angst, etwas Falsches zu sagen. Heute wehre ich mich."*[340]

Lernen es die Eltern nicht, sich zu wehren, dem Unverständnis und der Härte des sozialen Umfeldes entgegenzutreten, besteht die Gefahr, dass sie sich mit ihren Kindern zurückziehen und sich dadurch in einem zunehmenden Maß von ihrem sozialen Umfeld isolieren.

Eine Mutter berichtet darüber, was ihr die Annahme ihres Kindes, das nicht der gesellschaftlichen Norm entspricht, schwer macht:

> *„In einer anderen Welt, in der die Wertigkeit eines Menschen nicht an seiner Leistung und seiner Effektivität gemessen würde, dort wäre mir das Kind lieb. Aber hier zog es uns mit seiner Geburt ins gesellschaftliche Aus. In jener imaginären Welt, wo das Kind als ein Wesen der Liebe und Sinngebung begriffen und sein Wert oder Unwert nicht volkswirtschaftlich ausgedrückt würde, wäre ihm meine Liebe gewiss und schon zugeflossen."*[341]

Aufgrund von negativen Einflüssen des sozialen Umfeldes können Eltern ihren Glauben an Solidarität und Humanität in der Gesellschaft verlieren, sie lernen nicht, sich helfen zu lassen, sie werden bescheiden und möchten niemandem etwas zumuten. „Die Eltern behinderter Kinder müssen sich fragen, ob das nicht manchmal eine falsche Bescheidenheit ist. Sie dürfen ruhig ihre Nachbarn und ihre Freunde herausfordern und ihnen etwas zutrauen."[342]

Den Menschen, die nicht behindert sind, kann der Zugang zu einer Welt und zu Menschen eröffnet werden, von denen sie bis dahin nichts wissen wollten. „Und wie jede Entdeckung bringt auch diese neue Er-

---

339 Beuys, Barbara, a.a.O., S. 88.
340 Ebenda, S. 89.
341 Lebéus, Angelika-martina, a.a.O., S. 36.
342 Beuys, Barbara, a.a.O., S. 96.

fahrungen und verändert den, der sie macht."[343] Durch diese Erfahrungen bekommen Menschen, die nicht behindert sind, die Chance, in einen Lernprozess einzutreten, der zu ihrer persönlichen Reifung beiträgt.

Eine Mutter berichtet über den Lernprozess ihres Vaters aufgrund der geistigen Behinderung ihres Kindes:

> *„Mein Vater war immer der Meinung, dass behinderte Kinder nichts vom Leben haben und man sie irgendwo verstecken sollte. Er hat sich sehr gewandelt und hat heute eine andere Auffassung von Behinderung. Er geht mit unserem Sohn überall hin."*[344]

Es kann gesagt werden: „Je offener man selber ist, desto besser bekommt man Kontakt."[345] Dieser Satz gilt für alle Beziehungen zwischen Menschen. „Doch wer ist schon ständig gezwungen, seine Probleme fremden Menschen zu erklären? Und wo lernen wir, spontan und vorurteilsfrei fremden Menschen zu helfen?"[346] Es ist wichtig, diesen Teufelskreis der Beziehungslosigkeit zwischen Menschen zu durchbrechen, um aufeinander zuzugehen und im zwischenmenschlichen Umgang wertvolle Erfahrungen sammeln zu können.

Eine Mutter legt ihre Erfahrungen im Umgang mit dem sozialen Umfeld dar:

> *„Man muss den anderen zeigen, dass der Umgang mit Behinderten nichts Besonderes ist. Man muss ihnen ein behindertes Kind einfach in den Arm legen, um die Hemmschwelle abzubauen. Natürlich ist es der Traum aller Eltern mit behinderten Kindern, dass der Nachbar von sich aus seine Hilfe anbietet. Es bleibt ein Traum. Ich muß den ersten Schritt tun."*[347]

Es kann vorkommen, dass gerade die Eltern eines Kindes mit geistiger Behinderung zur sozialen Integration ihrer Kinder beitragen, soweit dies in ihren Kräften steht. „Sie beziehen ihre behinderten Kinder in ihren Freundes- und Bekanntenkreis ein, lassen sie an gemeinsamen Unternehmungen teilnehmen und erwarten, dass sie trotz ihrer

---

343 Ebenda, S. 96.
344 Ebenda, S. 47.
345 Ebenda, S. 91.
346 Ebenda, S. 91.
347 Ebenda, S. 92.

Schwächen und Unzulänglichkeiten als ebenbürtige Mitglieder der Gemeinschaft akzeptiert werden."[348] Dass sie durch ihr engagiertes Handeln die Reaktionen des sozialen Umfeldes ändern können, das soll auch anderen Eltern Mut machen, ihrer sozialen Isoliertheit bewusst entgegenzutreten (vgl. Gliederungspunkt 3.2.2: Spiralphase Solidarität).

Damit die Eltern von geistig behinderten Kindern das ZIEL-Stadium im Lernprozess der Krisenverarbeitung erreichen können, ist eine angemessene Krisenbegleitung notwendig. Im folgenden Abschnitt wird daraus folgernd auf mögliche Hilfen für die Eltern eingegangen. Auf ihre Notwendigkeit wurde in verschiedenen Gliederungspunkten hingewiesen. Die Ansätze für die Elternarbeit ergeben sich aus den Aussagen, welche von den im Rahmen meiner Forschung befragten Eltern getroffen wurden.

348 Wendeler, Jürgen. Geistige Behinderung: Normalisierung und soziale Abhängigkeit, a.a.O., S. 36.

# 7. Zusammenfassende Darstellung: Wichtige Aspekte für eine Zusammenarbeit mit den betroffenen Eltern

Ziel des Buches ist es, dem Leser einen Einblick in die Situation von Eltern, die mit einem geistig behinderten Kleinkind zusammenleben, zu verschaffen. Ein weiterer Schritt ist es, aus diesem Wissen heraus, professionelle Konzepte zur Begleitung und Unterstützung der Eltern zu entwickeln. Auf deren Notwendigkeit wurde in den vorhergehenden Ausführungen immer wieder hingewiesen.

## 7.1 Wichtige Aspekte im Zusammenhang mit dem Gliederungspunkt 3.1

Im Rahmen der Früherkennung einer geistigen Behinderung beim Kind werden Maßnahmen der primären Prävention (der Versuch, die Entstehung einer geistigen Behinderung zu verhindern) und der sekundären Prävention (der Versuch, eine geistige Behinderung möglichst frühzeitig zu erkennen) eingesetzt.[349]

Hierbei ist von grundlegender Bedeutung, dass Eltern, bei denen ein Kinderwunsch besteht und werdende Eltern über richtiges Verhalten vor sowie während der Schwangerschaft aufgeklärt werden (vgl. Gliederungspunkt 3.1.1.1). Diese Aufklärungsarbeit kann in der Sprechstunde des Gynäkologen stattfinden. Weiterhin durch Veranstaltungen für Interessierte (z. B. Vorträge von Hebammen).

Besteht eine erhöhte Gefahr einer drohenden Schädigung oder Behinderung für das ungeborene Kind, treten die pränatale Diagnostik und Beratung in den Vordergrund (vgl. Gliederungspunkt 3.1.1.2). Hierbei ist hervorzuheben, dass im Rahmen der Möglichkeit einer pränatalen Diagnostik eine angemessene Beratung der Eltern unerlässlich ist. Vor einer pränatalen Untersuchung müssen Nutzen und Risiken, die durch die Inanspruchnahme entstehen, abgewogen werden. Während des Wartens auf den pathologischen Befund benötigen die Eltern ei-

349 Vgl. Wille, A.. Früherkennung und Frühbehandlung von Entwicklungsstörungen in der Kinderpsychiatrie. In: Tobler, R./Grond, J. (Hrsg.). Früherkennung und Früherziehung behinderter Kinder. 1. Aufl. Bd. 28. Bern: Verlag Hans Huber, 1985, S. 92.

nen Ansprechpartner für aufkommende Ängste und Sorgen. Bestätigt der pathologische Befund eine Schädigung des ungeborenen Kindes, benötigen die Eltern weitere Beratungsgespräche.

Präventive Maßnahmen leiten sich aus den Bedingungen ab, die eine geistige Behinderung verursachen. Hierzu ist zu beachten, dass eine geistige Beeinträchtigung aufgrund von endogenen oder/und exogenen Faktoren entstehen kann (vgl. Gliederungspunkt 2.5).

Risikofaktoren für die Entstehung einer geistigen Behinderung sollten besondere Beachtung finden. „Kinder gelten dann als Risikokinder, wenn die Geburt oder die Schwangerschaft unter besonderen Belastungen (Frühgeburt, Zwillingsgeburt, Erkrankungen der Mutter während der Schwangerschaft) verlief oder wenn eine erhöhte Wahrscheinlichkeit für eine genetische Erkrankung vorliegt."[350]

Bestehen nach der Geburt Risikofaktoren im Bezug auf eine normale Entwicklung des Kindes, so treten bei medizinischen Risikofaktoren u.a. die regelmäßigen Vorsorgeuntersuchungen durch den Kinderarzt besonders in den Vordergrund, sowie präventive Therapieangebote für das Kind.

Aufgrund von exogenen Ursachen, die an der Entstehung einer geistigen Behinderung beteiligt sein können und die weitere Entwicklung des Kindes entscheidend beeinflussen, reicht eine medizinische Betreuung des Kindes oft nicht aus. Eine sinnvolle Ergänzung ist es deshalb, wenn Mediziner mit anderen Institutionen, wie z. B. der Frühförderung kooperieren.

Bestehen Risikofaktoren im sozialen Umfeld des Kindes, insbesondere in dessen Familie, sind die Methoden für ihre Erfassung komplex und schwierig. Bedingungen für soziale Risikofaktoren können z. B. sein: zerrüttete Familienverhältnisse, Überforderung der Eltern in Erziehungsfragen, unangepasste Erziehungsmethoden, finanzielle Belastungen, ungelöste Beziehungskonflikte in der Familie. Es ist dabei zu beachten, dass sich mehrere soziale Risikofaktoren gegenseitig beeinflussen können.[351]

---

350 Pflüger, Leander. Unser Kind braucht Hilfe. Stuttgart: TRIAS Thieme Hippokrates Enke, 1993, S. 13.

351 Vgl. Grond, J.. Früherziehung. In: Tobler, R./Grond, J., a.a.O., S. 99-100.

Festzuhalten gilt für die Erfassung von Risikokindern: „Bei der Vorsorgeuntersuchung und im Rahmen der Kontrolle von „Risikokindern" sollte deshalb vermehrt darauf geachtet werden, auch psychosoziale Faktoren in die Beurteilung einzubeziehen, gegebenenfalls entsprechende Konsequenzen abzuleiten: Der Kinderarzt hat also zu erfragen, wie Verwandte und Freunde der Familie „Unterstützungsfunktionen" erfüllen, welche Beziehungen die Eltern zueinander haben, auf welche Weise sie das Schicksal des Kindes bewältigen."[352] Stehen den Eltern keine ausreichenden Unterstützungsfunktionen in ihrem sozialen Umfeld zur Verfügung, ist es unerlässlich, dass der verantwortliche Arzt die Eltern an Stellen weitervermittelt, die ihnen helfen können (wie z. B. Frühförderung, Beratungsstellen, familienentlastende Dienste).

In der Zeit der Diagnoseermittlung ist es notwendig, dass den Eltern ausreichende Gesprächsangebote für eine angemessene Informationsvermittlung und zu ihrer psychischen Entlastung zur Verfügung stehen. Häufig kommt es vor, dass vor der Feststellung der endgültigen Diagnose die Eltern mit mehreren Ärzten in Kontakt treten, wechselnde Verdachtsdiagnosen und Prognosen für das Kind gestellt werden, Untersuchungswiederholungen stattfinden, und dass bereits Fördermaßnahmen für das Kind eingeleitet wurden. Der Prozess der Auseinandersetzung bei den Eltern mit einer möglichen geistigen Behinderung ihres Kindes beginnt bereits vor der Übermittlung einer endgültigen Diagnose: „Das Problembewusstsein der Eltern wuchs; emotionale Belastung, Unsicherheit, Angst, Niedergeschlagenheit und Schuldgefühle kamen auf; Befürchtungen wurden bagatellisiert und starke Hoffnungen gehegt"[353]. Folglich ist es notwendig, dass eine angemessene Krisenbegleitung der Eltern bereits vor der Übermittlung einer endgültigen Diagnose beginnt.

Besteht die endgültige Diagnose für eine geistige Behinderung des Kindes, kommt der Art der Diagnosemitteilung eine wichtige Funktion zu (vgl. Gliederungspunkt 3.1.2).

---

352 Neuhäuser, Gerhard. Frühförderung im medizinischen Bereich. In: Speck, Otto/Thurmair, Martin (Hrsg.). Fortschritte der Frühförderung entwicklungsgefährdeter Kinder. Bd. 15. München: Ernst Reinhardt, GmbH & Co, Verlag, S. 43.

353 Warnke, Andreas. Familien in der Frühförderung - psychodynamische Aspekte. In: Vereinigung für Interdisziplinäre Frühförderung e.V. (Hrsg.), a.a.O., S. 30.

Angelika Engelbert schreibt: „Es sind in aller Regel die Ärzte, die den Eltern die Diagnose „Behinderung" vermitteln und an die Ärzte richten sich auch die ersten Erwartungen, Hoffnungen, und Fragen. Die Eltern benötigen nicht nur eine umfassende und ausführliche Information über das Behinderungsbild und über bestehende Hilfemöglichkeiten, sie sind gerade nach der Erstdiagnose auch ganz besonders auf Sensibilität und Verständnis für ihre Situation angewiesen. Die Ärzte sind erste Anlaufstelle für die Eltern und Weichenstelle für die weitere Förderung des behinderten Kindes."[354]

Dies wird in der aktuellen Fachliteratur immer wieder festgestellt. So z. B. in den von Susanne Lambeck[355], Irmgard Nippert[356], Barbara Beuys[357] verfassten Büchern. Eine Darstellung von Handlungsvorschlägen und Konzepten für eine angemessene Art der Diagnosemitteilung würde den Umfang dieses Buches sprengen. Es soll aber nicht versäumt werden, dem interessierten Leser auf das Buch „Diagnosemitteilung bei Eltern behinderter Kinder" aufmerksam zu machen. In diesem Buch wird ein Leitfaden für die Art der Diagnoseübermittlung vorgestellt. Er zielt u.a. darauf ab, sowohl den Eltern, als auch den Ärzten eine psychologische Unterstützung zu gewähren.

Wird eine Behinderung des Kindes während des Krankenhausaufenthaltes der Mutter auf der Neugeborenenstation festgestellt, sollte Rücksicht auf die Bedürfnisse der Eltern genommen werden (vgl. Gliederungspunkt 3.1.2). So sollte z. B. die Entwicklung der Mutter-Kind-Bindung unterstützt werden, indem den Müttern rooming-in ermöglicht wird. Das Pflegepersonal sollte mit dem Säugling liebevoll umgehen und der Mutter bei Schwierigkeiten im Umgang mit dem Neugeborenen hilfreich zur Seite stehen. Zudem sollten es Krankenhausstrukturen ermöglichen, dass für die Eltern ein Zimmer für ungestörte Gespräche vorhanden ist und ihnen im ausreichenden Maße feste Ansprechpartner zur Verfügung stehen (z. B. durch das Vorhandensein eines psychosozialen Dienstes oder dem Einsatz von ehrenamtlichen Helfern, die selbst betroffene Eltern sind). Wichtige Aspekte zum Gliederungspunkt 3.1 wurden an dieser Stelle gesondert hervorgehoben, da in den Aussagen der betroffenen Eltern der Wunsch nach Unterstützung und Hilfen besonders am Anfang des Auseinan-

354 Engelbert, Angelika, a.a.O., S. 153.
355 Lambeck, Susanne, a.a.O..
356 Nippert, Irmgard, a.a.O..
357 Beuys, Barbara, a.a.O..

dersetzungs- und Verarbeitungsprozesses mit der geistigen Behinderung betont wurde.

## 7.2 Wichtige Aspekte im Zusammenhang mit den Gliederungspunkten 3 bis 6

Im Bereich der Frühdiagnostik, der Frühförderung des Kindes und der Frühberatung der Eltern nimmt die Institution der Frühförderung einen wichtigen Platz ein. Daraus folgend wird die Frühförderung stichpunktartig vorgestellt. Interessierten Leser geben Bücher wie z.B. „Unser Kind braucht Hilfe"[358], „Fortschritte der Frühförderung entwicklungsgefährdeter Kinder"[359], „Frühförderung. Zwischen passionierter Praxis und hilfloser Theorie"[360] nähere Auskunft über die Institution der Frühförderung.

Frühförderung ist ein Angebot:

- an behinderte und von Behinderung bedrohte Kinder, besonders in den ersten drei Lebensjahren, auch darüber hinaus bis zur Einschulung.
- für die Eltern dieser Kinder. Eltern, die unsicher sind, ob die Entwicklung ihres Kindes altersentsprechend verläuft, Eltern die in der Erziehung ratlos sind, die wissen möchten, wie sie ihr Kind fördern können; die lernen möchten, die Besonderheiten und die Entwicklungschancen der Familie neu zu sehen.
- für das weitere soziale Umfeld, für die Geschwisterkinder und damit für die Familie als Ganzes, für die Erzieher in den Krabbelgruppen oder in den Kindergärten, die sich um eine Integration dieser Kinder in der Gruppe bemühen.[361]

---

358 Pflüger, Leander, a.a.O..

359 Speck, Otto/Thurmair, Martin, a.a.O..

360 Finger, Gertraud/Steinebach, Christoph (Hrsg.). Frühförderung. Zwischen passionierter Praxis und hilfloser Theorie. Freiburg im Breisgau: Lambertus - Verlag, 1992.

361 Vgl. Bieberbach, Eva-Maria/Steinebach, Christoph. Grundbegriffe der Frühförderung. In: Finger, Gertraud/Steinebach, Christoph (Hrsg.), a.a.O., S. 42-43.

Die Frühförderung bietet an:

- **Frühdiagnostik** (sie bildet den Ausgangspunkt für die Frühförderung)
- **Frühförderung** des Kindes mit medizinischem Schwerpunkt (z. B. Krankengymnastik, Ergotherapie, Logopädie) oder mit pädagogisch-psychologischen Schwerpunkt (z. B. Heilpädagogik, Motopädie, Sonderpädagogik, psychologische Kinderpsychotherapie)
- **Frühberatung** umfasst alle Angebote an die Eltern (z. B. fachliche Beratung, Sozialberatung, Elterngruppen, psychotherapeutische Gespräche, therapiebegleitende Angebote)[362]

Dabei arbeitet die Frühförderung u.a. mit Kliniken, niedergelassenen Ärzten und Therapeuten aus den Bereichen Krankengymnastik, Ergotherapie sowie Logopädie zusammen.[363]

Für die Frühförderung sind je nach Bundesland verschiedene Organisationen, z. B. Sozialbehörden, private Träger, Gesundheitsämter oder Sonderschulen, zuständig.[364]

362 Vgl. ebenda, S. 43-46.
363 Vgl. ebenda, S. 46.
364 Vgl. Pflüger, Leander, a.a.O., S. 12.

## 7.3 Wichtige Aspekte für die Zusammenarbeit mit den Eltern

An dieser Stelle werden nur wenige von vielen Aspekten aufgeführt, die für effektive Interventionsmöglichkeiten im Rahmen der Frühdiagnostik, der Frühförderung und der Elternarbeit von Bedeutung sind.

*a) Die Rolle der Eltern*

Die Einbeziehung und Mitarbeit der Eltern hat eine grundlegende Bedeutung für die Frühförderung des behinderten Kindes. Otto Speck unterscheidet drei verschiedene Modelle der Elternarbeit an Institutionen der Behindertenhilfe, die in der Praxis als Mischformen vorkommen können: Das Laienmodell, das Ko-Therapeuten-Modell, das Kooperationsmodell.[365] In der gegenwärtigen Praxis ist das Ko-Therapie-Modell für die Zusammenarbeit mit den Eltern bestimmend.

Dennoch wird an dieser Stelle auf das Kooperationsmodell näher eingegangen, da es die Eltern als Partner sieht, wobei sich eine Vielzahl von Herausforderungen und neue Entwicklungen in der Elternarbeit ergeben können. Es wird hierbei versucht, die Bedürfnisse aller Beteiligten zu verstehen und in den Hilfe- und Behandlungsprozess mit einzubringen. „Vielmehr ergänzen sich *generalisiertes* Expertenwissen und -können auf der einen Seite und *individualisiertes* Wissen und Verstehen auf der Seite der Eltern. Dabei kommt es darauf an, dass beide Seiten aus ihrem Erfahrungsschatz diejenigen Details zur Synthese bringen, die dem einzelnen Kind in seiner einmaligen, unauswechselbaren Situation am dienlichsten zu sein versprechen."[366]

*b) Familienorientierte Hilfen:*

Durch die geistige Behinderung des Kindes ist die gesamte Lebenssituation der Eltern betroffen. „Die Behinderung führt nicht nur zu einer innerseelischen Erschütterung bei den Eltern, sondern gefährdet auch das familiäre Gleichgewicht, belastet die Partnerschaft sowie die Beziehung zu den nichtbehinderten Geschwisterkindern und erschwert

365 Vgl. Speck, Otto. Das gewandelte Verhältnis von Eltern und Fachleuten in der Frühförderung. In: Speck, Otto/Warnke, Andreas (Hrsg.). Frühförderung mit den Eltern. Bd. 13. München: Ernst Reinhardt, GmbH & Co., Verlag, S. 13-19.

366 Ebenda, S. 17.

die außerfamiliären sozialen Beziehungen"[367] (vgl. Gliederungspunkt 3.3 bis 6).

Es sollte berücksichtigt werden, dass hinter jedem behinderten Kind eine Familie steht, die selbst einen Unterstützungsbedarf haben kann. Es bleibt festzuhalten, dass eine einseitige kindbezogene Frühförderung nicht ausreicht.

*c) Interdisziplinäre Zusammenarbeit:*

Es ist notwendig, dass aufgrund der vielschichtigen Aufgabenbereiche Frühdiagnostik, Frühförderung und Frühberatung der Eltern, geeignete Hilfen in der Kooperation mit anderen Berufsgruppen abgestimmt und organisiert werden. Es sollte diesbezüglich ein „Team" bestehen, dessen Mitglieder zwar unterschiedliche Fachkompetenzen haben, aber darum bemüht sind, trotz verschiedener Sichtweisen optimale Voraussetzungen für ein gemeinsames Handeln zu schaffen.[368]

Im Rahmen einer interdisziplinären Zusammenarbeit ist u.a. die Kooperation von Sozialpädagogen, Psychologen, Ärzten, Früherziehern, Logopäden, Krankengymnasten, Ergotherapeuten, Selbsthilfegruppen gefragt.

„Frühförderung ist stets ein dynamischer Prozess, der von vielfältigen Faktoren in unterschiedlicher Weise beeinflusst wird. Interdisziplinäre Bemühungen haben nicht nur die Sichtweise der beteiligten Fachrichtungen zu berücksichtigen, sie sind vielmehr auch eingebunden in die jeweils gegebene individuelle Situation von Kind und Familie, haben biologische Grundlagen ebenso zu beachten, wie psychosoziale, sozioökonomische oder sozialpolitische Faktoren." [369]

---

367 Hinze, Dieter: Väter und Mütter behinderter Kinder, a.a.O., S. 14-15.
368 Vgl. Neuhäuser, Gerhard, a.a.O., S. 32.
369 Ebenda, S. 32.

# 8. Anhang

## 8.1 Medizinisches Glossar[370]

**Abort:**
Vorzeitige Beendigung einer Schwangerschaft vor Erreichen der Lebensfähigkeit, danach spricht man von einer Frühgeburt. Der Abort kann aus verschiedenen Gründen spontan, das heißt von selbst erfolgen oder künstlich herbeigeführt werden.

**Abtreibung:**
Schwangerschaftsabbruch (Interruptio).

**Amnioskopie/Amniozentese:**
Fruchtwasserspiegelung zur Besichtigung des Fruchtwassers; ambulant durchgeführtes Verfahren zur Überwachung erhöht gefährdeter Feten (erfolgt durch die Einführung eines Endoskop durch die Scheide der Mutter).

**Chordozentese:**
Blutentnahme aus der Nabelschnur während der Schwangerschaft (erfolgt unter Ultraschallkontrolle durch die Bauchdecke der Mutter).

**Chorionzottenbiopsie (CVS):**
Entnahme von Chorionzotten ab der 10. Schwangerschaftswoche. Die Chorionzotten gehören zum kindlichen Anteil des Mutterkuchens und enthalten die gleiche Erbinformation, wie der Embryo respektive der Fetus.

**Chromosom, Chromosomensatz:**
Fadenartige Strukturen in jedem Zellkern. Sie sind die Träger der Erbinformationen. Der wichtigste Bestandteil ist die DNS.

**DNS:**
Desoxyribonukleinsäure, der Stoff aus dem die Gene sind. Riesiges Molekül, das die Erbinformation enthält. Die DNS ist in allen Lebewesen vorhanden, ihre Struktur ist überall ähnlich.

370 Vgl. Braga, Suzanne/Kind Christian/ Locher Toni. Medizinische Fachbegriffe. In: Kind, Christian, a.a.O., S. 158-165. Vgl. Pro. Dr. rer. soc. Jürgen Margraf (Gesamtherausgeber). Pschyrembel Psychiatrie Klinische Psychologie Psychotherapie. Berlin: Walter de Gruyter, 2009.

**Down-Syndrom:**
Trisomie 21, Mongoloismus; geistige Behinderung von unterschiedlichem Ausmaß und einer Anzahl spezieller körperlicher Merkmale. Ursache ist ein Chromosom Nr. 21 zuviel.

**Embryo:**
Frucht in der Gebärmutter während der Zeit der Organentwicklung, also der ersten zwei Schwangerschaftsmonate.

**Fetoskopie:**
Betrachtung des Fetus mit einem speziellen optischen System (Endoskop).

**Fetus:**
Bezeichnung für die Frucht im Mutterleib nach Abschluß der Organentwicklung, d.h. im Anschluss an der Embryonalperiode bis zum Ende der Schwangerschaft.

**Gen:**
Einzelner Abschnitt des gesamten Erbmaterials (im Zellkern vorhandene DNS), der die Information für den Bau eines einzelnen Proteins (Eiweißes) trägt. Ein fehlerhaftes Gen kann zu fehlerhaften Bildung des entsprechenden Eiweißes und damit zu einer genetischen Krankheit führen. Alle Gene sind im Erbgut in doppelter Ausführung vorhanden.

**Genanalyse, Gendiagnostik:**
Nachweis und Identifikation von normalen und defekten Erbanlagen durch direkte und indirekte Analyse der DNS aus den Zellen eines Lebewesen.

**invasiv:**
eingreifend, die körperliche Unversehrtheit beeinträchtigend.

**Pränatale Diagnotik:**
Gesamtheit aller vorgeburtlichen Untersuchungen über den Zustand des Kindes im Mutterleib mittels Chorionzottenbiopsie, Amniozentese, Ultraschalluntersuchungen, Fetoskopie, usw.

**Prävention:**
Vorsorge, Vorbeugung; in der Medizin Verhütung von Krankheiten, z. B. Schwangerenvorsorge, Krebsvorsorge.

**Trimenon:**
Zeitraum von drei Monaten; die Schwangerschaft wird in ein erstes, zweites und drittes Trimenon unterteilt.

**Trisomie 21:**
Siehe Down-Syndrom.

**Ultraschalluntersuchung (Sonographie):**
Diagnostisches Verfahren durch Anwendung von Ultraschallwellen; findet als nicht belastendes Verfahren ohne nachweisbare Nebenwirkungen immer breitere Anwendung in allen Bereichen der Medizin, vor allem auch in der Schwangerschaftsdiagnostik.

## 8.2 Adressenverzeichnis[371]

Die folgenden Adressen erheben keinen Anspruch auf Vollständigkeit. Sie beinhalten nur einige erste Anlaufstellen, an die sich ratsuchende Eltern wenden können:

Aktion Sonnenschein - Hilfe für das mehrfach behinderte Kind e.V.
Heigelhof 63
81377 München
Tel. 089/72405-0

Bundesarbeitsgemeinschaft der Freien Wohlfahrtspflege
Oranienburger Str. 13-14
10178 Berlin
Tel. 81049/30-24089-0

Bundesarbeitsgemeinschaft Hilfe für Behinderte e.V.
Kirchfeldstr. 149
40215 Düsseldorf
Tel. 0211/310060

Bundesvereinigung Lebenshilfe für geistig Behinderte e.V.
Raiffeisenstraße 18
35043 Marburg
Tel. 06421/4910

Deutsche Vereinigung zur Rehabilitation Behinderter e.V.
Friedrich-Ebert-Anlage 9
69117 Heidelberg
Tel. 06221/187901-0

Deutscher Caritasverband
Karlstr. 40
79104 Freiburg im Breisgau
Tel. 0761/200-418

Deutscher Paritätischer Wohlfahrtsverband
Heinrich-Hoffmann-Str. 3
60528 Frankfurt am Main
Tel. 069/6706-0

371 Vgl. Pflüger, Leander, a.a.O., S. 210-212. Aktualisierung Kontaktdaten mit Hilfe des Internets, Autorin 2011.

Deutsches Rotes Kreuz
Endenicher Str. 131
53115 Bonn
Tel. 0228/9831-0

Diakonisches Werk der Evangelischen Kirche in Deutschland
Stafflenbergstr. 76
70184 Stuttgart
Tel. 0711/2159-0

Pro familia
Deutsche Gesellschaft für Familienplanung,
Sexualpädagogik und Sexualberatung e.V.
Bundesverband
Stresemannallee 3
60596 Frankfurt am Main
Tel. 069/639002

## 8.3 Literaturverzeichnis

Achilles, Ilse. „...und um mich kümmert sich keiner!“: Die Situation der Geschwister behinderter und chronisch kranker Kinder. 3., überarb. Aufl. München, Basel: Ernst Reinhardt Verlag, 2002.

Anstötz, Christoph. Grundriß der Geistigbehindertenpädagogik. 1. Aufl. Berlin: Carl Marhold Verlagsbuchhandlung, 1987.

Bach, Heinz. Sonderpädagogik im Grundriß. 13. Aufl. Berlin: Edition Marhold Wissenschaftsverlag Volker Spiess GmbH, 1989.

Balzer, Brigitte/Rolli, Susanne. Sozialpädagogik und Krisenintervention: Argumente für ein psychosoziales Versorgungs system. Neuwied, Darmstadt: Hermann Luchterhand Verlag, 1981.

Bayerisches Staatsministerium für Arbeit und Sozialordnung, Familien, Frauen und Gesundheit (Hrsg.). Sozial-Fibel: Ein Lexikon über soziale Hilfen und Rechte. 11. Aufl. Coburg: Druckhaus Coburg, 1993.

Beuys, Barbara. Eltern behinderter Kinder lernen neu leben. Reinbek bei Hamburg: Rowohlt Taschenbuch Verlag GmbH, 1993.

Bleidick, Ulrich (u.a.). Einführung in die Behindertenpädagogik. 4., völlig überarb. Aufl. Bd. I (Allgemeine Theorie der Behindertenpädagogik). Stuttgart: Verlag W. Kohlhammer GmbH, 1992.

Bleidick, Ulrich (u.a.). Einführung in die Behindertenpädagogik. 3., überarb. Aufl. Bd. II (Blinden-, Gehörlosen-, Geistigbehinderten-, Körperbehinderten- und Lernbehindertenpädagogik). Stuttgart: Verlag W. Kohlhammer GmbH, 1989.

Bracken, Helmut. Vorurteile gegen behinderte Kinder, ihre Familien und Schulen. 2. unveränd. Aufl. Berlin: Carl Marhold Verlagsbuchhandlung, 1981.

Bundesvereinigung Lebenshilfe für geistig Behinderte e.V. (Hrsg.). Geistige Behinderung. Fachzeitschrift der Bundesvereinigung Lebenshilfe für geistig Behinderte. Marburg: Lebenshilfe-Verlag, 1/1996.

Bundesvereinigung Lebenshilfe für geistig Behinderte e.V. (Hrsg.). Geschwister geistig Behinderter. 2. Aufl. Marburg: Lebenshilfe-Verlag (Kleine Schriftenreife/Bundesvereinigung Lebenshilfe für geistig Behinderte e.V.; Bd. 6), 1987.

Bundesvereinigung Lebenshilfe für geistig Behinderte e.V. (Hrsg.). Grundsatzprogramm der Lebenshilfe. Marburg: Lebenshilfe-Verlag, 1991.

Cloerkes, Günther. Einstellungen und Verhalten gegenüber Behinderten: Eine kritische Bestandsaufnahme der Ergebnisse internationaler Forschung. 3 Aufl. Berlin: Carl Marhold Verlagsbuchhandlung, 1985.

Davison, Gerald C./ Neale, John M.. Klinische Psychologie. Übs. Maria Baur. 7 Aufl. Weinheim, Basel: Beltz Verlag, Programm PVU, Psychologie Verlags Union, 2007.

Deutsches Institut für medizinische Dokumentation und Information, DIMDI. WHO-Kooperationszentrum für die Familie Internationaler Klassifikationen (HG): Internationale Klassifikation der Funktionsfähigkeit, Behinderung, Gesundheit. Final DRaft. Stand Oktober 2004, Internetfassung: www.dimdi.de.

Dreyer, Petra. Ungeliebtes Wunschkind: Eine Mutter lernt, ihr behindertes Kind anzunehmen. Frankfurt am Main: Fischer Taschenbuch Verlag GmbH, 1993.

Eggert, Dietrich/Schomburg, Eberhard/Altemöller, Rolf (Hrsg.). Familie, Umwelt und Persönlichkeit geistig Behinderter. Bd. 19 (Arbeiten zur Theorie und Praxis der Rehabilitation in Medizin, Psychologie und Sonderpädagogik). Bern: Verlag Hans Huber, 1980.

Endruweit, Günter/Trommsdorff, Gisela (Hrsg.). Wörterbuch der Soziologie. 2. Aufl. Stuttgart: Lucius & Lucius Verlagsgesellschaft, 2002.

Ermert, Johann August (Hrsg.). Akzeptanz von Behinderung: Medizinhistorische, pädagogische, psychotherapeutische, soziale, spirituelle Aspekte; Humor als Form der Bewältigung; Behinderung und Öffentlichkeit. Frankfurt am Main: Peter Lang GmbH Europäischer Verlag der Wissenschaften, 1994.

Fengler, Jörg/Jansen, Gerd. Handbuch der Heilpädagogischen Psychologie. 3., überarb. und erw. Aufl. Stuttgart, Berlin, Köln: Verlag W. Kohlhammer GmbH, 1999.

Finger, Gertraud/Steinebach, Christoph (Hrsg.). Frühförderung. Zwischen passionierter Praxis und hilfloser Theorie. Freiburg im Breisgau: Lambertus-Verlag, 1992.

Friedl, Ingrid/Maier-Aichen, Regine. Leben in Stieffamilien: Familiendynamik und Alltagsbewältigung in neuen Familienkonstellationen. Hrsg. Hans-Uwe Otto und Hans Thiersch. Weinheim, München: Juventa Verlag (Edition soziale Arbeit), 1991.

Gambla, Ursula/Will, Ursula/Zelazny, Katharina (Hrsg.). Alleinerziehende Väter und Mütter erzählen. Mainz: Matthias-Grünewald-Verlag (Edition Psychologie und Pädagogik), 1989.

Cloerkes, Günther:. Soziologie der Behinderten. Eine Einführung. 3., neu bearb. und erw. Aufl. Heidelberg: Universitätsverlag Winter, 2007.

Görres, Silvia. Leben mit einem behinderten Kind. München: R. Piper GmbH & Co. KG, 1987.

Grunow, Dieter/Hurrelmann, Klaus/Engelbert, Angelika. Gesundheit und Behinderung im familiären Kontext. Materialien zum 5. Familienbericht/ Band 3. München: DJI Verlag Deutsches Jugendinstitut, 1994.

Güttler, Peter O.. Sozialpsychologie: Soziale Einstellungen, Vorurteile, Einstellungsänderungen. 4., erw. Aufl. München: R. Oldenbourg Verlag GmbH, 2003.

Von Hahn, Gustav-Peter. Hilfen für das Zusammenleben mit geistig Behinderten: Erfahrungen aus jahrzehntelanger Tätigkeit. 6. Aufl. Berlin: Edition Marhold Wissenschaftsverlag Volker Spiess GmbH, 1995.

Häsing, Helga/Gutschmidt, Gunhild. Handbuch Alleinerziehen. Reinbek bei Hamburg: Rowohlt Taschenbuch Verlag GmbH, 1992.

Hensle, Ulrich. Einführung in die Arbeit mit Behinderten: Psychologische, pädagogische und medizinische Aspekte. Unter Mitarb. von H. Buchta, S. Buchta u. P. Day. 5., ergänzte Aufl. Heidelberg, Wiesbaden: Quelle & Meyer Verlag, 1994.

Hinze, Dieter. Väter und Mütter behinderter Kinder: Der Prozeß der Auseinandersetzung im Vergleich. 3., Aufl. Heidelberg: Universitätsverlag C. Winter GmbH – Programm Edition Schindele, 1999

Jonas, Monika. Behinderte Kinder - behinderte Mütter: Die Unzumutbarkeit einer sozial arrangierten Abhängigkeit. Frankfurt am Main: Fischer Taschenbuch Verlag GmbH, 1990.

Kallenbach, Kurt (Hrsg.). Väter behinderter Kinder. Reinbek bei Hamburg: Rowohlt Taschenbuch Verlag GmbH, 1994.

Karl Kübel Stiftung (Hrsg.). Wenn Familien aktiv werden.... Lindenfels-Kolmbach: Druckerei Groer+Möhler GmbH, 1991.

Katz Rothman, Barbara. Schwangerschaft auf Abruf: Vorgeburtliche Diagnose und die Zukunft der Mutterschaft. Übers. Juliette Liesenfeld. Marburg: Metropolis-Verlag GmbH, 1989.

Kind, Christian et al.. Behindertes Leben oder verhindertes Leben: Pränatale Diagnostik als Herausforderung. Hrsg. von der Schweizerischen Vereinigung für geistig Behinderte (SVEGB) Bern: Verlag Hans Huber, 1993.

Klaus, Marshall H./Kennell, John H.. Mutter-Kind-Bindung: Über die Folgen einer frühen Trennung. Übers. Karl Heinz Siber. München: Deutscher Taschenbuch Verlag GmbH & Co. KG, 1987.

Klee, Ernst: Behindert. Über die Enteignung von Körper und Bewußtsein. Frankfurt am Main: Fischer Taschenbuch Verlag GmbH, 1981.

Klee, Ernst. Behinderten-Report. Frankfurt am Main: Fischer Taschenbuch Verlag GmbH, 1981.

Kreft, Dieter/Mielenz, Ingrid (Hrsg.). Wörterbuch soziale Arbeit: Aufgaben, Praxisfelder, Begriffe und Methoden der Sozialarbeit und Sozialpädagogik. 6., überarb. Aufl. Weinheim, München: Juventa Verlag, 2008.

Kurz, Ronalt/Muntean, Wolfgang (Hrsg.). Präventive Pädiatrie. Stuttgart, New York: Georg Thieme Verlag, 1990.

Lambeck, Susanne. Diagnoseeröffnung bei Eltern behinderter Kinder: Ein Leitfaden für das Erstgespräch. Göttingen: Verlag für Angewandte Psychologie, 1992.

Lebéus, Angelika-martina. Liebe auf den zweiten Blick: Eine Mutter und ihr behindertes Kind. Olten: Walter-Verlag AG, 1989.

Lehmann, Dorothee. Dagmar. Der gemeinsame Weg einer Mutter und ihres mongoloiden Kindes zu Reife und Lebensfreude. München, Deutscher Taschenbuch Verlag GmbH & Co. KG, 1991.

Prof. Dr. rer. soc. Jürgen Margraf (Gesamtherausgeber). Pschyrembel Psychiatrie Klinische Psychologie Psychotherapie. Berlin: Walter de Gruyter, 2009.

Miedaner, Lore. Gemeinsame Erziehung behinderter und nichtbehinderter Kinder: Materialien zur pädagogischen Arbeit im Kindergarten. 2. Aufl. München: DJI Verlag Deutsches Jugendinstitut (Reihe: Integration behinderter Kinder), 1991.

Miller, Patricia H.. Theorien der Entwicklungspsychologie. Übers. Angelika Hildebrandt-Essig. Heidelberg, Berlin, Oxford: Spektrum Akademischer Verlag GmbH, 1993.

Mühl, Heinz. Einführung in die Geistigbehindertenpädagogik. 4., überarb. Aufl. Stuttgart: Verlag W. Kohlhammer GmbH, 2000.

Murken, Jan (Hrsg.). Pränatale Diagnostik und Therapie. 2., völlig neu bearb. Aufl. Stuttgart: Ferdinand Enke Verlag, 1987.

Neubert, Dieter/Cloerkes, Günther. Behinderung und Behinderte in verschiedenen Kulturen. Heidelberg: Heidelberger Verlagsanstalt und Druckerei GmbH - Edition Schindele, 1987.

Newson, Elizabeth/Hipgrave, Tony. So helfe ich meinen behinderten Kind: Ein praktischer Ratgeber für Eltern, Pflegeeltern und Betreuer. 2., unveränd. Aufl. Weinheim, Basel: Beltz Verlag, 1992.

Nippert, Irmgard. Die Geburt eines behinderten Kindes: Belastung und Bewältigung aus der Sicht betroffener Mütter und ihrer Familien. Stuttgart: Ferdinand Enke Verlag, 1988.

Petzhold, Matthias. Paare werden Eltern: Eine familienentwicklungspsychologische Längsschnittstudie. München: Quintessenz Verlags-GmbH (Quintessenz der entwicklungspsychologischen und pädagogisch-psychologischen Forschung; Bd. 2), 1991.

Pro familia Deutsche Gesellschaft für Familienplanung, Sexualpädagogik und Sexualprävention e.V. Vorgeburtliche Untersuchungen. 5. Aufl. Frankfurt am Main: Bundesgeschäftsstelle der pro familia, 2006.

Remschmidt, Helmut/ Schmidt, Martin/ Poustka, Fritz (Hrsg.). Multiaxiales Klassifikationsschema für psychische Störungen des Kindes- und Jugendalters nach ICD-10 der WHO. Mit einem synoptischen Vergleich von ICD-10 mit DSM-IV. 5., vollst. überarb. und erw. Aufl. Bern: Verlag Hans Huber, 2009.

Rossmann, Peter. Einführung in die Entwicklungspsychologie des Kindes- und Jugendalters. 1. Aufl. Bern: Verlag Hans Huber, 1996.

Scheel, Karin. Leben und Lernen mit einem behinderten Kind. Bonn: Rehabilitationsverlag GmbH, 1984.

Senckel, Barbara. Mit geistig behinderten Leben und arbeiten: Eine entwicklungspsychologische Einführung. 9 Aufl. München: Verlag C.H. Beck oHG , 2010.

Schieche von Eickstedt, Mechthild (Hrsg.). Ist Aufopferung eine Lösung?: Mütter behinderter Kinder berichten. 1. Aufl. Berlin: FBV Frauenbuchvertrieb GmbH, 1981.

Schmidt, Klaus-Jürgen G.. Mein Kind ist behindert!: Ein Beitrag zum Verständnis der Situation von Eltern behinderter Kinder. Heidelberg: Heidelberger Verlagsanstalt und Druckerei GmbH - Edition Schindele, 1986.

Spanier, Hans-Peter. Till-Philipp oder Das Recht auf Normalität: Die Integration eines Kindes mit Down-Syndrom. Heidelberg: Universitätsverlag C. Winter Heidelberg GmbH - Programm „Edition Schindele", 1995.

Speck, Otto/Thurmair, Martin (Hrsg.). Fortschritte der Frühförderung entwicklungsgefährdeter Kinder. Bd. 15 (Behindertenhilfe durch Erziehung, Unterricht und Therapie). München: Ernst Reinhardt, GmbH & Co, Verlag, 1989.

Speck, Otto/Warnke, Andreas (Hrsg.). Frühförderung mit den Eltern. Bd. 13 (Behindertenhilfe durch Erziehung, Unterricht und Therapie). München: Ernst Reinhardt, GmbH & Co, Verlag, 1983.

Steinebach, Christoph. Familienentwicklung in der Frühförderung: Die Sicht der Mütter. Freiburg Breisgau: Lambertus-Verlag, 1995.

Stroebe, Wolfgang/Jonas, Klaus/Hewstone, Miles (Hrsg.). Sozialpsychologie: Eine Einführung. Übers. Matthias Reiss, Carmen Lebherz. 5., völlig überarb. Aufl. Heidelberg: Springer Medizin Verlag, 2007.

Schubert, Maria Theresia. System Familie und geistige Behinderung. Wien, New York: Springer-Verlag, 1987.

Schuchardt, Erika. Biographische Erfahrung und wissenschaftliche Theorie. 5. Aufl. Bd. 1 (Soziale Integration Behinderter). Bad Heilbrunn/Obb.: Verlag Julius Klinkhardt, 1993.

Schuchardt, Erika. Biographische Erfahrung und wissenschaftliche Theorie. 8. Aufl. Bd. 1 (Krisen-Management und Integration). Bielefeld: Bertelsmann, 2003.

Schuchardt, Erika. Warum gerade ich...? Leben lernen in Krisen. 12. Aufl. Göttingen: Vandenhoeck & Ruprecht GmbH & Co. KG, 2006.

Schuchardt, Erika. Weiterbildung als Krisenverarbeitung. 5. Aufl. Bd. 2 (Soziale Integration Behinderter). Bad Heilbrunn/Obb.: Verlag Julius Klinkhardt, 1993.

Schumann-Gliwitzki, Birgitta/Meier, Salwa. Schwierigkeiten und Chancen von Stieffamilien: Eine qualitative Erforschung der spezifischen Familienrealität. Berlin: Edition Marhold im Wissenschaftsverlag Volker Spiess, 1990.

Tietze-Fritz, Paula. Elternarbeit in der Frühförderung: Begegnungen mit Müttern in einer besonderen Lebenssituation. Dortmund: borgmann publishing GmbH, 1993.

Tobler, R./Grond, J. (Hrsg.). Früherkennung und Früherziehung behinderter Kinder. Bd. 28 (Arbeiten zur Theorie und Praxis der Rehabilitation in Medizin, Psychologie und Sonderpädagogik). 1. Aufl. Bern: Verlag Hans Huber, 1985.

Tröster, Heinrich. Einstellungen und Verhalten gegenüber Behinderten: Konzepte, Ergebnisse und Perspektiven sozialpsychologischer Forschung. 1. Aufl. Bern: Verlag Hans Huber (Huber-Psychologie-Forschung), 1990.

Vereinigung für Interdisziplinäre Frühförderung e.V. (Hrsg.). Familienorientierte Frühförderung. Dokumentation des 6. Symbosiums Frühförderung, Hannover 1991. Bd. 1 (Beiträge zur Frühförderung interdisziplinär). München: Ernst Reinhardt, GmbH & Co, Verlag, 1991.

Wendeler, Jürgen. Geistige Behinderung: Normalisierung und soziale Abhängigkeit. Heidelberg: Heidelberger Verlagsanstalt und Druckerei GmbH - Edition Schindele, 1992.

Wendeler, Jürgen. Geistige Behinderung: Pädagogische und psychologische Aufgaben. Weinheim, Basel: Beltz Verlag. Beltz Grüne Reihe, 1993.

Zeitfracht Medien GmbH
Ferdinand-Jühlke-Straße 7
99095 Erfurt, Deutschland
produktsicherheit@kolibri360.de